第三届中国考古学大会
（2021·三门峡）会志（下册）

中国考古学会
中国社会科学院考古研究所
河南省文物局　　　　编著
河南省文物考古研究院
三门峡市人民政府

科学出版社
北　京

内 容 简 介

本书是对 2021 年在三门峡召开的"仰韶文化发现暨中国现代考古学诞生 100 周年纪念大会"、第三届中国考古学大会的全面记录与总结。大会由中国考古学会、中国社会科学院考古研究所、河南省文物局、三门峡市人民政府联合主办，河南省文物考古学会、河南省文物考古研究院、中共三门峡市委宣传部、三门峡市文化广电和旅游局承办，陕西省考古研究院、山西省考古研究院协办。会志延续以往的结构框架及设计风格，设置有简介、开幕式致辞、主题学术报告、中国考古学会各专业委员会分组研讨、配套活动、公共考古讲座、学术考察及闭幕式讲话等内容。会志的出版既是会议工作的总结，又是中国考古学国际影响力的体现，彰显了中国考古学的整体实力与学术水平。

本书适合于从事考古学、历史学等方面的专家、学者以及高等院校相关专业师生参考、阅读。

图书在版编目（CIP）数据

第三届考古学大会（2021·三门峡）会志：全二册 / 中国考古学会等编著. —北京：科学出版社，2023.10
ISBN 978-7-03-076663-2

Ⅰ. ①第… Ⅱ. ①中… Ⅲ. ①考古学—会议资料—汇编—中国—2021 Ⅳ. ① K87

中国国家版本馆 CIP 数据核字（2023）第 187189 号

责任编辑：雷 英 / 责任校对：邹慧卿
责任印制：肖 兴 / 封面设计：金舵手世纪

科学出版社 出版
北京东黄城根北街 16 号
邮政编码：100717
http://www.sciencep.com

北京汇瑞嘉合文化发展有限公司 印刷
科学出版社发行 各地新华书店经销

*

2023 年 10 月第 一 版 开本：787×1092 1/16
2023 年 10 月第一次印刷 印张：35 3/4
字数：847 000

定价：560.00 元（全二册）
（如有印装质量问题，我社负责调换）

配套活动

三门峡庙底沟博物馆开馆

　　2021年10月17日，在仰韶文化发现暨中国现代考古学诞生100周年纪念大会召开之际，三门峡庙底沟博物馆正式对外开放，并受到社会各界的广泛关注与支持。

　　全国政协副主席刘奇葆，中宣部副部长、文化和旅游部党组书记、部长胡和平，国家文物局局长李群，第十三届全国人大常务委员会委员、中国法学会副会长、中国法学会宪法学研究会会长郑淑娜，河南省委书记楼阳生、省长王凯，河南省政协主席刘伟，考古学家、北京大学教授、夏商周断代工程首席专家李伯谦，考古学家、中国社会科学院学部委员刘庆柱，考古学家、中国社会科学院学部委员、中国考古学会理事长王巍，中国社会科学院学部委员、中国社会科学院考古研究所所长陈星灿，中国博物馆协会理事长刘曙光，全国政协第十三届委员、中国科学院院士何满

三门峡庙底沟博物馆鸟瞰

中宣部副部长、文化和旅游部党组书记、部长胡和平参观庙底沟博物馆

潮，清华大学原副校长张凤昌，瑞典驻华大使馆大使宋莲等领导和专家，先后到庙底沟博物馆参观指导，并对场馆的设施建设、藏品保护研究、陈列展示、数字化运用以及社教服务等方面给予了充分肯定。对推进庙底沟博物馆深化学术研究，创新展览展示，活化文物利用，搭建合作交流平台等提出了建议与期望，进一步激发了庙底沟博物馆的发展活力，推动博物馆事业做强做优。

三门峡庙底沟博物馆占地约95亩，建筑面积约2万平方米，造型以

河南省省长王凯参观庙底沟博物馆

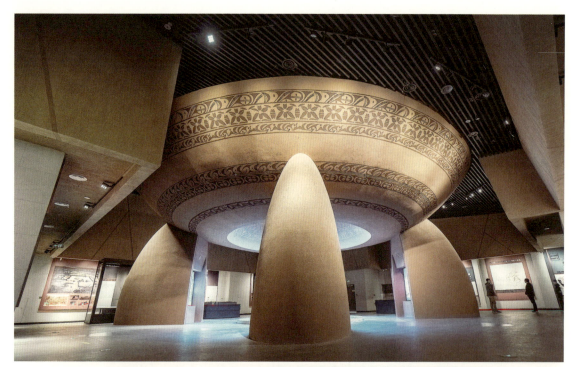

博物馆展厅内部

"交融"为构思出发点，采用覆土建筑形式，整体如同交握的双手，将公园绿地景观和城市广场交融于一体。博物馆现有基本陈列、专题展览、临时展览、数字化展示四大展览体系。基本陈列"花开中国——庙底沟与中华早期文明的发生历程"，作为"双百周年"纪念大会的献礼展览，是首个在中华早期文明发展背景下，展现仰韶时代最为繁盛、影响力最大的庙底沟文化的原创性展览，是目前国内展示仰韶文化彩陶数量最大、类型最全的史前文化展览，荣获了"第十九届（2021年度）全国博物馆十大陈列展览精品奖"和"新时代博物馆百大陈列展览精品奖"。专题展览"庙底沟记忆"，以考古工作流程作为叙事线索，采用实物展示、插画展板、影像资料和场景复原等形式，再现庙底沟遗址的两次考古发掘，反映了几代考古人风餐露宿、接续奋斗的敬业精神。临时展览包括自主策划和引进交流两大类，2021年推出了由河南、山西、陕西三省文物局主办的"花之蕊——豫晋陕仰韶文化核心区考古成就展"，丰富、翔实的考古发现和研究成果实证了中华文明延绵不断的发展脉络。数字化展示，以环幕影院和数字化展厅作为展览的延伸，让观众真正参与其中，感受深度的沉浸式体验。

三门峡庙底沟博物馆以建设一流博物馆为目标，精心打造公益文化服务品牌，弘扬中华文明，增强文化自信。

仰韶村国家考古遗址公园开园暨仰韶文化发现 100周年邮票纪念册发行仪式

　　2021年10月17日下午，仰韶村国家考古遗址公园开园暨仰韶文化发现100周年邮票纪念册发行仪式在渑池县仰韶镇仰韶村隆重举行。河南省副省长戴柏华，国家文物局副局长宋新潮，中国社会科学院学部委员、考古研究所所长陈星灿，中国社会科学院学部委员、中国考古学会理事长王巍，河南省人民政府副秘书长赵学东，河南省文物局局长田凯，三门峡市委副书记、组织部部长丁同民，三门峡市副市长庆志英，三门峡市政协副主席骆玉峰，三门峡市政府党组成员杨跃民，河南省邮政公司集邮与文化传媒部总经理郭帅，渑池县委书记谢喜来出席仪式。渑池县委副书记、县长钱程主持仪式。国内外有关专家、学者，市直有关部门负责人，渑池县四大班子领导和各单位负责人以及新闻媒体的记者朋友们欢聚一堂，共襄盛举。

仰韶村国家考古遗址公园开园仪式现场

中国考古学会理事长王巍研究员讲话

时任河南省文物局局长田凯致辞

王巍在讲话中希望广大考古工作者牢记习近平总书记的殷殷嘱托，切实增强历史使命感和责任感，发扬严谨求实、艰苦奋斗、敬业奉献的优良传统，继续探索未知、揭示本源，努力建设中国特色、中国风格、中国气派的考古学，更好展示中华文明风采，弘扬中华优秀传统文化。

田凯在致辞中说，100年来，几代考古人筚路蓝缕、不懈努力，取得一系列重大考古发现，展现了中华文明起源、发展脉络、灿烂成就和对世界文明的重大贡献，为更好认识源远流长、博大精深的中华文明发挥了重要作用。希望大家再接再厉，勇担保护传承弘扬仰韶文化、中原文化的历史责任，加快构筑全国重要的文化高地。

丁同民在致辞中说，党中央对仰韶文化发现暨中国现代考古学诞生100周年高度重视，中共中央总书记、国家主席、中央军委主席习近平发来贺信，向全国考古工作者致以热烈的祝贺和诚挚的问候！全市上下要以仰韶文化唤醒华夏文明，激活中原文明，努力实现渑池崛起、三门峡崛起、中原崛起。

时任三门峡市委副书记、组织部部长丁同民致辞

渑池县委副书记、县长钱程致辞

　　钱程代表渑池县委、县政府，向出席仪式的各位领导、各位来宾，表示热烈的欢迎和诚挚的感谢！他说，作为仰韶文化发现地、中国现代考古学诞生地，我们格外珍惜这一荣耀，始终坚持不负使命，持续深入挖掘仰韶文化的丰富内涵和时代价值，高标准实施了仰韶文化博物馆、仰韶村国家考古遗址公园等一系列文物遗产保护项目，向世界展现出一个传承厚重文化、焕发蓬勃生机的新渑池。

　　仪式后，与会领导共同参观了"考古百年"大型浮雕墙、仰韶文化博物馆"仰韶和她的时代"室内展陈、1921彩陶艺术展及文创产品、仰韶村国家考古遗址公园、仰韶村遗址断面保护房和仰韶村遗址第四次考古发掘现场。

　　仰韶村国家考古遗址公园位于渑池县城北6千米的仰韶镇仰韶村。仰韶村遗址是仰韶文化发现地、命名地，中国现代考古学诞生地，是1961年国务院公布的第一批全国重点文物保护单位。遗址公园于2017年12月由国家文物局批准立项，为2020年河南省重点建设项目。规划总面积189.89公顷（约2800亩），计划总投资3.2亿元。重点保护区的文保项目和文物展

仰韶村国家考古遗址公园

示项目，占地900余亩，设计总投资1.6亿元。遗址公园将仰韶文化博物馆、发掘纪念点、文化层断面、考古展示区等景观串点连线，形成"一中心（游客服务中心）、两环（仰韶环壕、龙山环壕）、三广场（韶源广场、韶乐广场、韶华广场）、四点（先后四次发掘纪念点）、五园（考古展示园、考古体验园、聚落模拟园、仰韶陶醉园、韶脉水乐园）"的展示结构。

仰韶文化发现100周年邮票纪念册为渑池县文旅部门协同邮政部门共同制作。此次共设计了5款系列邮票，其中一款为首次采用彩陶制作的邮票，主图为"太阳神鸟"，副图为仰韶村第三次考古发掘出土的唯一一件完整器物"月牙纹彩陶罐"，为该纪念册的核心和亮点，非常具有收藏价值。

仰韶文化发现一百周年纪念邮票

仰韶文化发现暨中国现代考古学诞生100周年
考古新成果发布和展示会

2021年10月17日晚,仰韶文化发现暨中国现代考古学诞生100周年考古新成果发布和展示会召开,发布《中国出土彩陶全集》《中国考古学百年史》《三门峡庙底沟》三套图书。中国社会科学院学部委员、中国考古学会理事长王巍,中国社会科学院考古研究所党委书记王立峰,中国社会科学院学部委员、考古研究所所长、中国考古学会副理事长陈星灿,中国社会科学院考古研究所纪委书记、副所长施劲松,河南省文化和旅游厅副厅长周耀霞,河南省文物考古学会会长孙英民等出席会议。

会上,《中国出土彩陶全集》《中国考古学百年史》《三门峡庙底沟》三套图书主创相关负责人围绕书籍构思、创作、编辑和出版等进行了详细介绍。与会人员一致认为,书中收录的每一幅图片、每一段文字都充分展现了老一辈和中青年考古学术骨干严谨务实、扎实深厚的优良学风和研究功底,浓缩了他们在条件艰苦的考古工地上,数十年如一日辛勤工作的成果和收获。三套图书经过长期编撰,把考古专业成果汇总、展示、出版,献礼仰韶文化发现暨中国现代考古学诞生100周年,对发挥考古学以史育人的优势具有很好的推动作用。

《中国出土彩陶全集》由中国社会科学院学部委员、考古研究所所长陈星灿研究员主编,张弛、顾万发、刘国祥、韩建业、赵春青、李新伟任副主编,科学出版社出版。本书内容分为十卷,收录了新石器时期早期晚段到青铜时代晚期(新疆地区晚至汉代)的彩陶2460多件,尤其是最近三四十年新出土的有代表性、较重要的彩陶。本书首次对中国百年考古出土彩陶进行的全国范围的普查,以及全面系统的总结、研究和展示,囊括了各个时期和各个地区的典型产品,几乎涵盖了所有与彩陶相关的重要考古发现,将为彩陶研究提供一套完整、系列的珍贵资料。本书按省、自治区、直辖市、特别行政区编排,每卷所收彩陶先按时代、再按器类排序。第一卷设前言和英文简介,出土彩陶多的地区,在介绍器物之前都有概括性的论述,对该区域出土彩陶的概况及主要特征予以简要总结,以便读者对各地区出土彩陶有一总体了解。本书是对中国古代彩陶文化元素与文化特征的一次集中展示,是国内外研究与收藏彩陶可供参考的重要学术成果，也是我国文化建设的一项重要工程，是对中国考古百年的纪念与献礼。

《三门峡庙底沟》由河南省文物考古研究院、三门峡市考古研究所、武汉大学历史学院考古系共同编撰，文物出版社出版。庙底沟遗址位于河南省三门峡市湖滨区韩庄村，是我国影响最深远的新石器时代遗址之一。1953年，为了解三门峡水库库区内的文物分布情况，中国科学院考古研究所河南考古调查队在陕县、灵宝开展考古调查，在陕县（今三门峡市陕州区）县城南关东南发现了庙底沟遗址。2002~2003年，考古人员对庙底沟遗址进行了考古发掘，发掘面积2.2万多平方米，发现了庙底沟文化、西王村文化、庙底沟二期文化三个时期的房屋10余座、灰坑800多个、陶窑20余座、环壕1条。复原陶器3000多件，其中彩陶1400余件。庙底沟遗址范围广大，文化丰富。通过对出土遗物的研究整理，可以清晰地划分时代脉络，看清文明发展的趋势。本书正是庙底沟遗址2002年发掘材料的综合整理成果，全书共三册，共计50万字、600张线图、1500幅图片，北京大学考古文博学院资深教授、考古学家严文明先生亲自为本书题写书名。本书为研究仰韶中期的文化格局和新石器时代的彩陶艺术提供了宝贵材料，对仰韶文化的保护和研究具有重要意义。

《中国考古学百年史》由中国社会科学院原院长王伟光担任名誉主编，中国社会科学院学部委员、历史学部主任王巍研究员主编，中国考古学界200余位权威学者共同撰写，中国社会科学出版社出版。本书系统回顾了中国考古百年发展历程，总结经验，展望未来，探讨建立符合中国实际的考古发展路径。

中国考古学自1921年诞生，至今已走过百年历程。在百年诞辰之际，撰写一部综合性的学术史，系统回顾百年发展历程，总结经验，展望未来，探讨建立符合中国实际的发展路径，作为对中国考古学百年诞辰的献礼，具有重要意义。《中国考古学百年史》由此而生。全书共四卷、十二册，共计900余万字，把百年来的中国考古学分为石器时代考古、夏商周时期考古、秦汉到宋辽金元明清时期考古、科技考古以及各个考古学专题研究四大部分，将每部分分解为50个左右的研究课题，每个研究领域按照时间顺序和研究进展的脉络来回顾，主要内容包括：对于各领域研究具有重要意义的考古发现、重要研究成果的出版，对于相关领域研究具有创新意义的学术观点的提出，新的研究理念和新的理论、方法的应用及产生的影响等，并结合国内外学术背景与动态进行分析和点评，包括对今后该领域发展方向的前瞻。此外，还请各撰写人提供相关领域的大事记，以增

参会代表发言

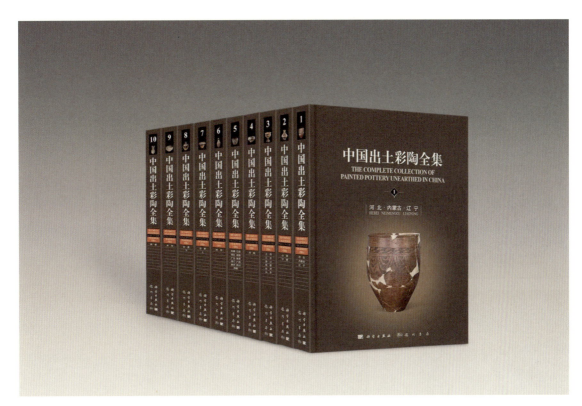

《中国出土彩陶全集》书影

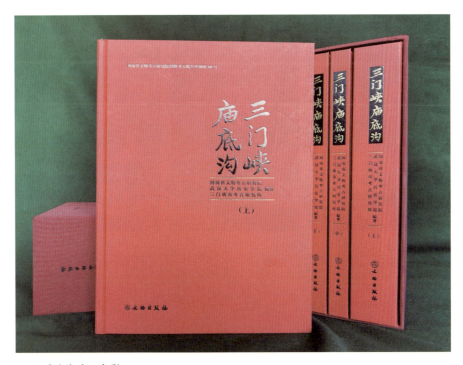

《三门峡庙底沟》书影

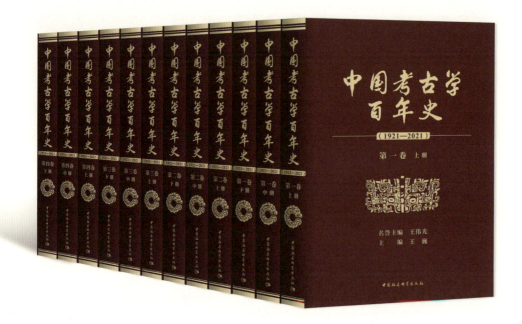

《中国考古学百年史》书影

强本书的资料性。通过这部书，读者可以了解中国考古学各个领域、各个研究课题的相关考古发现和研究过程以及最新进展。可以说，本书是一部独具特色、名副其实的中国考古学研究的百科全书。

公共考古讲座

在第三届中国考古学大会期间，来自全国各科研院所与高校的23位专家学者，为三门峡及周边地市的干部群众和青少年献上了精彩的公共考古讲座，反响热烈。会志收录了其中21篇讲座内容稿件。杨军昌教授由于疫情影响取消了原定讲座，遗憾未能收录；付巧妹研究员的讲座内容与大会主题学术报告内容相同，因此不再重复收录。

寻根溯源——中原地区旧石器时代人类与文化

王幼平

北京大学考古文博学院

讲座时间： 2021年10月18日（周一）晚上19：00～20：30
讲座地点： 三门峡市社会管理职业学院报告厅

中原是探讨远古人类与文化发展史，追寻中华文明形成的生物学与文化之源的重要地区。20世纪60年代在豫西三门峡地区发现早期旧石器，揭开了百万年前早期人类踏足中原大地的序幕。南召杏花山、栾川孙家洞与灵井许昌人等中更新世至晚更新世之初的古人类化石与文化遗存的相继发掘与研究，更展现出中原地区远古人类与旧石器文化发展的繁荣景象。近些年来郑州地区的荥阳织机洞、二七区老奶奶庙、新郑赵庄、登封方家沟和西施，以及新密李家沟等发现，亦清楚地揭示出中原地区从现代人的出现到农业起源的连续过程。本文通过对以上发现的介绍与讨论，简要梳理中原地区早期人类与文化的发展历史。

一、最早人类与文化出现

旧石器时代距离我们十分遥远，是人类社会演化发展的童年时代。从距今200万年前后，我们的祖先就开始生活在中原地区，包括三门峡在内的旧石器考古发现，为追溯我们远古祖先的来龙去脉留下了珍贵的证据。

中原西部的汾渭裂谷，在气候温暖的早更新世形成系列大湖，如豫西三门峡附近的三门古湖。汾渭地堑形成的古湖为早期人类的生存演化提供了方便条件。早更新世距今200多万年以来，到距今100万年前后，中原西部的古湖区也是河南，乃至中国甚至东亚地区远古人类的故乡。近年来的河南及邻近地区旧石器时代考古新发现与年代学研究进展，也不断带来河南及邻近地区早期人类起源与发展的珍贵资料。

最新研究显示，中原西部的陕西蓝田公王岭的人类头盖骨化石的年代为距今163万年左右①。公王岭直立人化石，代表了早更新世在中原及邻近地区生活的早期人类，其体质形态特征鲜明，出土地层关系清楚，也是目前中国和亚洲东部地区最早的古人类头骨化石。近年来在蓝田上陈，距离公王岭不远的巨厚黄土剖面的调查，还发现了距今210万～130万年期间的旧石器，将古人类在该区活动的历史推至更久远的时代②。

二、直立人与早期智人在河南的发现

从距今120万年前后，古气候发生全球性转型，由早更新世的高频低幅，以4.7万年左右为周期的小幅度冷暖变化，逐渐变为低频高幅，以10万年左右为周期的冷暖大幅度变化③。此阶段黄土流域，特别是黄河中游及邻近地区，原有的众多湖泊逐渐消失，代之而起的是更广泛的离石黄土堆积。这一环境变迁所带来的结果直接影响到生活在该地区生活的古人类及其文化发展④。经历了早更新世漫长的湖滨生活，在进入转型期之后，石器技术发生显著变化，开始出现打制更精致小型的工具，以适应在干凉的草原地区，较远距离活动之需。早期人类经过长期发展，体质形态也较先前更为进步。这种进步是随着时代发展逐渐发生的，展现了黄河流域远古人类生生不息的特点，也具体反映在栾川孙家洞、南召杏花山与许昌人等化石的形态变化方面。

中更新世末到晚更新世之初，河南境内更重要的发现是许昌灵井的两具早期人类头骨化石。该遗址2005年首次发掘。2007年和2014年分别发现许昌人1号和2号头骨。许昌人化石既有东亚地区古老型人类体质特征特点，又有明显的脑量增大与纤细化的晚更新世人类特征，尤其重要的是与尼安德特人一致的特征，突出反映出中原地区晚更新世初古人类演化的区域连续性，以及明显的基因交流的双重作用特点，为探讨中国境内现代

① Zhu Z Y, et al. New dating of the Homo erectus cranium from Lantian (Gongwangling), China. Journal of Human Evolution, 2014, 78: 144-157.

② 朱照宇等：《黄土高原黄土地层古人类遗迹年代研究新进展》，《科学通报》2019年第25期。

③ 杨石霞等：《中国早—中更新世古人类演化及其与气候环境的关系》，《人类学学报》2021年第3期。

④ 刘东生等：《中国第四纪地层》，《第四纪研究》2000年第2期。

灵井遗址及其发现的两件古人类头骨化石
（据吴秀杰等，2018[①]）

人类来源问题提供了非常难得的证据与启示[②]。

与早期发现相比，许昌人遗址小型石片工业的工具类型与加工技术都具有明显进步的特点。中国北方长期存在的小石器技术特征仍清楚可见于许昌人石器组合，但后者的盘状石核等剥片技术，仔细修理的各类工具等，都明显有别于早期。许昌人石器工业的这些特点，说明距今至少10万年左右，中国北方小石器技术已经发展到新阶段。

三、从现代人的出现到农业起源

地处嵩山东麓的郑州地区是中原核心区、中国南北与东西的交通中心、中华文明的发源地，更是远古人类及其文化迁徙交流的集散地。近20年来，在郑州地区发现了多个旧石器遗址清楚地反映了该地区从现代人出现到旧新石器时代的过渡。

位于荥阳崔庙镇王宗店村北的织机洞遗址，系一岩厦式洞穴，堆积厚达20米以上，保存了自晚更新世之初以来的旧石器时代中晚期遗存，清楚展示出从本地区砾石到石片石器工业的发展历程。织机洞遗址最主要的发现是旧石器遗存，已发现的石制品数以万计。2001年以来在洞口部分新发现的石器工业，明显可以分为两种类型：即以1～7层为代表的晚期

---

① 吴秀杰等：《中国发现新型古人类化石——许昌人》，《前沿科学》2018年第45期。

② 李占扬、吴秀杰：《河南灵井许昌人遗址古人类化石及相关研究进展》，《科学导报》2018年第23期。

织机洞遗址

的石片工业，以8、9层为代表的早期的砾石工业[①]。结合该遗址的年代学与古环境研究成果来看，这一变化发生在MIS3阶段，距今5万～4万年期间。当时的环境并没有发生明显的变化，仍是比较湿润温和的森林草原环境。因而这一变化的原因不大可能是由于生态适应所致，而更有可能是发生了具有不同文化传统的人群的迁徙更替。就古人类文化发展来看，这一更替则可以视作本地区旧石器时代中、晚期文化过渡的标志。

郑州西南郊二七区的老奶奶庙遗址是距今5万～3万年前后嵩山东麓古人类中心营地遗址的代表。遗址坐落在贾鲁河东岸的黄土台地上。该遗址最主要的发现是多个文化层的连续堆积，保存了完好的古人类居住面，由多个火塘成组分布，火塘周围是数量众多的石制品与动物骨骼残片[②]。老奶奶庙遗址自上而下可分为多个文化层，代表10多个古人类活动时期。其中第2和第6亚层，均是当时人类的居住区遗存。第2亚层中部为一个含大量炭屑与黑色灰烬的火塘，其周围是动物骨骼残片与石制品。第6亚层的堆积更厚，在平面上可见4处火塘呈半环状分布。在火塘周围也分布有丰富的动物骨骼残片与石制品。同时还有石制品明显聚集区，应是石器加工场所遗迹。多个文化层连续堆积，反映了当时人类重复占用该遗址。以用火遗迹为中心的布局展示出现代人居址的有组织安排。大量小型利刃

① 王幼平：《织机洞的石器工业与古人类活动》，《考古学研究》（七），科学出版社，2008年，第136～148页。

② 王幼平：《嵩山东南麓MIS3阶段古人类的栖居形态及相关问题》，《考古学研究》（十），科学出版社，2012年，第287～296页。

老奶奶庙遗址出土石制品

赵庄遗址出土石制品

的石制品，以及众多的食草类骨骼碎片等，都反映出该遗址居民专业化狩猎的维持生计方式。

位于新郑与长葛之间溱水河东岸的赵庄遗址村北，是嵩山东麓距今3.5万年前后的特殊类型遗址。遗址位于溱水河东岸第三阶地，出土遗物有数量众多的石制品及少量动物化石[①]。该遗址最重要的发现是置放象头石堆的遗迹现象与石器加工场。两者位于同一活动面，显然是同一时期活动的遗存。活动面由南向北由象头骨、石英砂岩制品和石英制品组成。象头骨呈竖立状，由于长期的挤压或受石块的砸击较为破碎。大多数石英砂岩制品位于象头骨的下部和周围，互相叠压，形成堆状。而大块的紫红色石

---

① 张松林等：《河南新郑赵庄和登封西施旧石器时代遗址》，《2010中国重要考古发现》，文物出版社，2011年，第10～14页。

英砂岩则明显是直接采自距遗址5千米以外的陉山基岩原生岩层，搬运至此。主要功能并非加工工具，而是围成石头基座，在上面摆置象头。这一非功利性活动，也应与现代人在该地区出现有关。

与赵庄遗址年代相近的登封方家沟遗址，则发现一处利用原始沟槽地形安排居住活动的遗迹。在长条形自然形成的沟槽内，中心摆放大石块，两侧安排有石器加工区和使用区，清楚地展现出当时人类对活动区的有序安排。从老奶奶庙的中心营地遗址到黄帝口的临时活动地点，还有赵庄遗址的特殊活动类型的遗迹现象，方家沟的单个居住活动遗迹，数以百计的旧石器遗址地点分布在嵩山东麓，清楚地再现了旧石器时代晚期之初这一地区的栖居形态。尽管这些地点的功能有别，但其石器工业的特点却很一致，均是以石英原料为主体的石片石器居于主导地位，明显有别于更早的砾石工业传统。

嵩山东麓数量众多的晚更新世以来旧石器文化材料的发现与研究清楚地显示，嵩山东麓保持石片石器工业传统的古人类，是该地区最早出现具有明确现代行为的群体。这一认识突破了以往对中国旧石器文化发展与古人类演化关系的笼统阐释，将晚更新世中国南北各地拥有简单石核石片技术的现代人群的时空分布连成整体，为中国及东亚现代人起源以本地区连续演化为主的假说提供了证据。

登封西施遗址的发掘则揭露出一处距今2.6万年左右的石叶加工场遗迹，发现石制品近万件，皆是加工石叶的备料与各类产品，构成完整的石叶生产操作链，是生产石叶的加工场遗迹[1]。完整的石叶工业组合在最后冰

方家沟遗址的遗迹

---

① 王幼平等：《河南登封西施旧石器时代遗址》，《中国考古新发现·年度记录·2010》（《中国文化遗产》增刊，2010），2011年，第280～283页。

期最盛期来临之际，突然整体出现在中原腹地，这一现象清楚记录了来自欧亚大陆草原带的应用石叶技术人群，在受到寒冷气候驱动而南下的活动历史。时代晚于拥有石片石器工业的当地现代人群的西施遗址，其石叶－细石叶组合的发现，则确切证实嵩山东麓现代人演化发展过程中亦曾受到外来人群或技术影响。但影响的时间较晚，幅度亦有限。

横跨欧亚大陆北部的草原地带，是旧石器时代东西方人类与文化迁徙扩散与交流的通道。从属于旧石器时代中期欧洲至西亚广泛分布的莫斯特文化，近年来在新疆阿勒泰地区吉木乃县通天洞与内蒙古东乌珠穆沁旗金斯泰等遗址的发现，清楚显示早在旧石器时代中期就有尼安德特人及其文化的东迁。距今4万年前后带有莫斯特技术传统的典型石叶遗存在水洞沟遗址的发现，则应是来自西方，更可能是俄罗斯阿尔泰地区的早期现代人的迁徙扩散结果。然而无论是尼人或4万年前的早期现代人，似乎都驻足中国西北至东北的边疆地区。真正深入内地，到达中原腹地的是河南登封西施遗址及附近的发现，典型的晚期石叶技术的石制品组合的完整出现，显然是带有这种石叶技术的外来人群或文化的突然到来。不同石器技术为标志的外来人群的多次南迁，到距今2.6万年前后，随着最后冰期最盛期（LGM）的到来，终于到达中原腹地。外来人群或文化到来所携带的基因和文化与本地区原住民的融合交流，进一步加快了黄河流域，特别是中原地区旧石器文化与社会的发展，推动晚更新世古人类及其文化发展达到新高峰，进而开始转入新的发展阶段。

李家沟遗址的发现反映了新阶段的情况[①]。该遗址旧石器文化遗存主要发现在南区第6层，船形、柱状细石核与细石叶的发现显示该遗址早期居民拥有十分精湛的石器加工技术。成熟的石器工艺技术加工出典型的端刮器、琢背刀、石镞、雕刻器等。这些精致石器刃口锋利，轻巧便携，是便于长途奔袭狩猎使用的工具组合。这些工具所使用的原料也多是不见于本地的优质燧石，是远距离采集运输所得[②]。与此同时，李家沟遗址南区第6层还发现仅经过简单磨制加工的石锛，以及烧制火候较低，表面无装饰的夹粗砂陶片。典型细石器与局部磨制石器及陶片共存现象说明，本地区较晚阶段的新文化因素并不是突然出现，而是已经孕育在旧石器时代晚期之末。

---

① 郑州市文物考古研究院等：《新密李家沟遗址发掘的主要收获》，《中原文物》2011年第1期。

② 北京大学考古文博学院等：《河南新密市李家沟遗址发掘简报》，《考古》2011年第4期。

李家沟遗址出土陶片

　　李家沟遗址新石器文化遗存主要发现在北区第4～6层。这一阶段的文化层明显增厚，说明遗址使用规模与稳定性远大于南区发现的细石器文化阶段。除了数量众多的文化遗物，北区还发现有很清楚的人类活动遗迹。其中最具特色的是石块聚集区。遗迹中心由磨盘、石砧与多块扁平石块构成。间或夹杂着数量较多的烧石碎块、陶片以及动物骨骼碎片等。带有明显人工切割痕迹的食草类动物长骨断口，清楚显示遗迹区进行过加工动物骨骼的活动。大量烧石的存在则说明这里亦具有烧火的功能。虽然尚未发现柱洞等建筑遗迹的迹象，但石块聚集区显然应与当时人类相对稳定的居住活动有关。

　　北区属于新石器时代早期地层已发现200多片陶片。陶片出土的情况说明当时人类就在发掘区原地或附近使用陶器。已发现的陶片均为夹粗砂陶。陶片颜色有浅灰黄色、红褐色等。部分陶片的质地较坚硬，显示其烧成火候较高。这批陶片虽然包括多件不同陶器的口沿部分，但器形却很单一，均为直口筒形类器物，保留有早期陶器的特点。尤为突出的是绝大部分陶片的外表都有纹饰，以压印纹为主，还有绳纹与刻划纹等。

　　与早期的石器工业不同，本阶段仅见个别的宽台面柱状细石核，细石器的应用明显衰落，技术特点也与早期明显不同。虽然还有少量的燧石与石英类石制品发现，但基本不见刻意修整的精制品。砂岩或石英砂岩加工的权宜型石制品的数量则较多。这类石制品的形体多较粗大。与早期的细石器工业的精制品组合完全不同，应是适应不同生计活动的结果。

　　李家沟遗址从地层堆积到文化遗存的发现，都清楚地反映了中原地区旧、新石器时代过渡形态，展现出从狩猎采集向农业社会转变，并从而迈向新时代的重要历史进程。

讲座现场

四、小　结

综上所述，在河南及邻近地区的考古发现与研究揭示：

（1）中原是探讨远古人类与文化发展史，追寻中华文明形成的生物学与文化之源的重要地区。

（2）三门峡等汾渭裂谷区的早期旧石器，揭开了百万年前早期人类踏足中原大地的序幕。

讲座现场

（3）南召杏花山、栾川孙家洞与灵井许昌人等中更新世至晚更新世之初的古人类化石与文化遗存，展现出中原地区远古人类与旧石器文化发展的承前启后。

（4）郑州地区的荥阳织机洞、二七区老奶奶庙、新郑赵庄、登封方家沟与西施，以及新密李家沟等新发现，清楚地揭示出中原地区从现代人出现到农业起源的发展进程。

大汶口文化的图像文字

栾丰实

山东大学历史文化学院

讲座时间： 2021年10月19日（周二）上午9：20～10：50

讲座地点： 三门峡市渑池县韶州中学学术报告厅

一、关于大汶口文化

　　1959年夏，在津浦铁路复线的修建工程中发现宁阳县堡头村西的史前公共墓地，前后两个多月共发掘出133座墓葬，出土近2000件各类随葬品。这批墓葬的墓室规模、葬具和随葬品，相互之间差别极为悬殊：大型墓葬的墓室面积超过5平方米，最大的M10超过13平方米，使用了木质的棺椁，随葬品的数量多达数十件甚至超过百件，其中既有精美的彩陶、黑陶和白陶，也有在当时已知的仰韶文化和龙山文化中未曾发现的玉器、象牙器、龟甲器等。而小型墓葬的墓室面积不足1平方米，有的仅能容身，墓内既无葬具，也没有或者极少随葬品。同一墓地反映出来的贫富分化严重程度令人触目惊心。

　　这一批墓葬以陶器为主的随葬品所表现出来的文化内涵和特征，在当时看来，既有与仰韶文化类似的彩陶，也有与龙山文化接近的黑陶，但整体文化内涵与两者均不相同。在对其所处时代的判断上，或认为其早于龙山文化，甚至有学者认为其晚于龙山文化。1962年，在相距不远的曲阜西夏侯遗址的发掘，发现了大汶口墓地为代表的一类遗存在年代上早于龙山文化的层位关系，随即提出大汶口文化的命名。

　　经过几十年的田野考古和综合性研究工作，学术界对大汶口文化的一系列基础性问题有了比较清楚的了解和认识。

　　依据一定数量典型遗址提供的层位关系和对陶器为主的出土遗物的类型学分析，可以将大汶口文化划分为早、中、晚期三个发展阶段。参照不同区域典型遗址内典型单位的 ^{14}C 测年数据，目前一般把大汶口文化的绝对年代推定在距今6000～4400年之间，前后经历了1600多年的连续发展。早期阶段为距今6000～5300年，中期阶段为距今5300～4800年，晚期阶段为距今4800～4400年。

空间上大汶口文化主要分布于泰沂山南北两侧的黄河和淮河下游地区。早期阶段分布范围略小，以山东大部和江苏北部、安徽东北部为主；中晚期阶段向西南方向有较大的拓展，包括山东全省、江苏和安徽淮河以北和豫东等广大地区，分布区的面积超过了20万平方千米。其对外文化扩散、传播和影响的区域，更是到达豫中西、晋南、冀中南、鄂西北、长江下游和辽东半岛一带，郑州大河村、偃师二里头、襄汾陶寺、枣阳雕龙碑、天门石家河、常州寺墩以及辽东半岛的长海小珠山等著名遗址，在当地文化遗存中都发现或多或少的大汶口文化因素。

大汶口文化的文化内涵十分丰富。房址以方形和圆形的地面式和半地穴式建筑为主，墓葬数量较多，多数遗址有数个相对独立的墓地，以单人仰身一次葬为主，头向绝大多数朝东，早期有少量二次合葬墓，中期有一定数量的成年男女一次合葬墓。高等级墓葬多有木质棺椁葬具，实行厚葬。墓主生前多数头骨枕部人工变形和拔除两颗上颌侧门齿，并流行手握獐牙的习俗。区域中心聚落内的高等级墓葬，往往随葬一定数量的玉礼器、玉装饰品和骨牙雕筒、龟甲器、獐牙勾形器等高端物品。

在社会经济获得较大发展的基础上，大汶口文化时期的社会出现明显的阶段性变化。早期阶段，遗址之间和遗址内部的分化开始出现，社会分层初步显现。中晚期阶段，社会分层进一步发展，在一些文化比较发达的区域，开始形成城址统辖之下的大、中、小型结构的聚落形态，在聚落等级和数量上呈现出金字塔状社会结构。这一时期的大汶口文化已经产生出若干个"都—邑—聚"结构的早期国家，从而进入文明社会的古国时代。而图像文字的产生与早期国家的出现相辅相成，是人类社会进入文明时代的重要标志之一。

大汶口文化的发现和确立，为东方地区的龙山文化找到了来源，明确了两者是东方地区新石器时代晚期具有传承关系的先后两支考古学文化，将黄淮下游的新石器时代文化向前推进了近2000年，从而最终结束了"仰韶—龙山"东西二元对立的文化格局。同时，推进了东夷文化的探索，证明东方地区是研究中华文明起源和形成的重要地区之一。

二、大汶口文化的图像文字

文字的产生是一个长期的发展过程。中国新石器时代类似于文字的符号出现较早，在距今8000年前后的河南舞阳贾湖遗址，曾在龟的腹甲上发现过契刻符号，其中一个形态与甲骨文的"目"字相似。距今7000年前后，黄河流域进入仰韶时代，在彩陶艺术中发现数量可观的书写符号。

图一　陵阳河采集陶大口尊

虽然这些符号的形态比较简约，但出现在陶器比较醒目的位置，有的甚至重复出现，应该是能够标记和传递信息，具有某种特定的含义。

与大汶口文化中晚期同时，在环太湖地区的良渚文化中，发现数量相当多的各种刻划符号。刻划符号的载体以陶器为主，甚至还有少数符号刻在质地坚硬的石器之上。符号的种类繁多，绝大多数以单个的形式出现，也有个别为多个符号或者原始文字连成一排，甚至可以隶定和释读。如苏州澄湖古井内出土的良渚文化鱼篓形贯耳罐的腹部，就刻有一排4个符号（文字）。

大汶口文化的图像文字最早于1955年发现于南京北阴阳营遗址。1959年，莒县图书馆文物组开展考古调查时，在陵阳河遗址征集到4件刻有不同图像的大口尊，其中1件刻有典型的"日火山"图像（图一）。1973年，在相距不远的诸城前寨遗址采集到1件刻有同类图像的大口尊残片。这5件图像的拓片在1974年出版的《大汶口》报告中予以公布，遂引起学术界的广泛关注，较短时间内有不少论文对其进行隶定、释读和讨论。

1979年山东省博物馆发掘陵阳河遗址时，从墓葬中发现了刻有图像的大口尊实例，证实了以前的采集品确实出自该遗址的大汶口文化晚期。此后，陆续在陵阳河遗址周围的杭头、大朱村以及日照尧王城和苏家村、五莲丹土、胶州赵家庄、莱州昌村、宁阳于庄等遗址，在相同的大口尊或其残片上发现刻划图像。另外，在皖北的蒙城尉迟寺和固镇霸王城遗址，分别发现多件刻有与陵阳河相同或相似图像的大口尊。长江以南的皖南和苏南地区也有少量发现，如早年发掘的南京北阴阳营遗址和近年来发掘的常州寺墩等遗址，也发现有与陵阳河遗址相同的刻于大口尊上腹外表的图像。据此可知，大汶口文化的图像文字主要分布于山东省东部、泰山以南和皖北地区，并传播到长江流域的部分同时期遗址之中。

此外，在湖北天门石河家等遗址，也发现一些与大汶口文化类似的厚胎大口尊，有的大口尊外表刻划不同的符号，或认为与大汶口文化的同类图像具有相同的性质和功能。

确定图像文字的时代主要有两种途径：一是有明确出土单位的发掘品，主要发现于墓葬，也有出自灰坑和祭祀坑等遗迹者，多数标本属于这一种情况。就目前所知，所有出土刻有图像的大口尊，均属于大汶口文化晚期，无一例外。二是采集品，知道采集的遗址但没有具体的地层单位。这一种主要有莒县陵阳河和诸城前寨。据历年来的发掘资料，这两处遗址的文化遗存均属于典型的大汶口文化晚期。在整个海岱地区，大汶口晚期之前的大汶口中期和之后的龙山文化，均未发现刻有图像的大口尊，到龙山文化时期甚至连大口尊这一类器物也消失了。所以，可以确定大汶口文化的图像文字主要存在于距今4800～4400年的大汶口文化晚期。

大汶口文化的图像文字主要有以下基本特征：

目前发现的图像文字，无论是出土遗址还是个体数量，均以山东省东部沿海地区最多，其次为安徽省淮河以北地区，其他地区均为少量和零星发现。大汶口文化的中心分布区鲁中南地区的汶泗流域，截至目前仅在宁阳于庄遗址发现一例。

图像文字存在和流行的时间不长。据上述分析可知，主要存在于大汶口文化晚期，绝对年代为距今4800～4400年之间，前后延续了四五百年。

相同或相近的图像文字在不同区域重复出现。如"日火山"图像，最北见于前寨和陵阳河，南部见于皖北的尉迟寺、霸王城，甚至更为遥远的常州寺墩遗址，间隔距离超过400千米。"羽冠"图像也分别见于陵阳河和南京北阴阳营遗址。

刻有图像的完整和较为完整的陶大口尊，绝大多数出自等级较高的聚落遗址内的大中型墓葬。故一般认为其具备了礼器的性质，属于当时社会的重器。

所有图像均刻于形体硕大的陶大口尊外表，除了极个别例外者，每件大口尊只刻一个图像，并且刻于口沿之下最佳视线可及位置。有的还在图像上下位置附加一些装饰性纹样，如圆圈纹和环绕器身的凹槽等。图像绝大多数为象形，也有个别为会意者。

目前所发现的40多例图像文字，可以区分为8类：

第1类"日火（鸟）山"（图一；图二，1～4）。由上、中、下三个部分组成，上部的圆圈为太阳，下部为五峰山，中部图像的释读有较多分歧，主要有"月""云气""火""鸟"等不同意见。整体上或释为"旦"，认为是族名；或释为"炅"；或认为是两个字，释为"炅山"。

第2类"日火（鸟）"（图二，5、6）。取第1类的上、中部。许多学者认为这一类是第1类图像的简体。

这两类图像，田昌五先生认为"是氏族部落标志，完整作日月山，山上有明月，月上有太阳；简单地作日月而省去山，其意应是太暤和少暤之暤字，有如后来的族徽"，是东夷部族著名首领"太暤"和"少暤"的族徽。

第3类"戉（钺）"（图二，7）。是一个完整的装柄钺的象形。钺为长方形，顶端中部有圆孔，短柄，柄后端有装饰物。从出土的实物看，

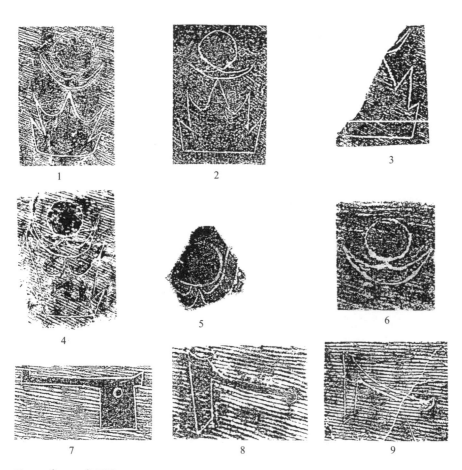

图二　第1～4类图像

1、4.尉迟寺（M96：2、JS4：1）　2、5～8.陵阳河采集　3.诸城采集　9.杭头（M8：49）

图三　第5~8类图像

1、3~5.陵阳河采集　2、6.大朱村（M26：3、M17：1）　7、8.陵阳河（M17：1、M11）　9.北阴阳营（H2：1）

后端的装饰物多采用动物骨骼或象牙做成。完整的带柄钺长度在70厘米左右。

第4类"斤"（图二，8、9）。是有柄锛的象形。锛的器体较厚，单面刃，柄略弯曲，后端亦有圆形或半圆形的饰物。

第5类内弧的四边形（图三，1、2）。有一角连接不甚紧密。大朱村出土的一件，刻于与众不同的大口尊近底部位置。同类图像还多见于纺轮等器物之上。或认为是军事方面的吹奏乐器。

第6类高台正中有一株大树（图三，3）。或释为"南"，认为是社坛植树，是一幅社祭图像；或为古代的社主；也有学者释为"封"。良渚文化中亦有类似图像。

第7类羽冠图像（图三，7~9）。此类图像最早发现于南京北阴阳营遗址，后来在陵阳河大型墓葬M17中出土一件完整者。发掘者认为是"大汶口人祭祀、崇拜的酒神"图像；有学者认为是用羽毛装饰的冠，以鸟羽为饰的皇王冠冕。

第8类近似台形（图三，4~6）。此类图像或释为不加羽饰的冠；或释为冠徽；或认为是阶状台形祭祀场所的摹画；或认为是耒耜一类工具的

讲座现场

象形，释为"享"。

大汶口文化晚期，海岱地区的社会内部已发生深刻变化。聚落群内在以粟黍旱作和稻作农业为主的生业经济快速发展的基础上，快轮制陶的推广和玉石器的精细加工体现了手工业专业化程度达到一个历史新高度。而社会经济的高度发展，社会财富的不断积累，进而使大汶口文化晚期的社会分化加剧，最终孕育出早期国家，从而进入文明社会的历史发展阶段。在这一历史背景下出现和流行的图像文字，作为精神文化领域人类文化的重大成果，进一步加深和拓展了我们对早期国家和文明社会丰富内涵的全面了解和认识。

讲座现场

从小屯到二里头——夏商都邑的探索历程

许 宏

中国社会科学院考古研究所

讲座时间： 2021年10月19日（周二）上午9：20～10：50

讲座地点： 三门峡市第一高级中学学术报告厅

中国考古学诞生百年有余，逐渐形成了自身的学科体系。在学术界对中国早期文明史的探索历程中，夏商王朝都邑的发现、发掘与研究占有重要的位置。而夏商都邑的探索历程，也见证了中国考古学学科从筚路蓝缕的起步到长足发展的学术大势。

考古学的一个重要的研究方法，是由已知的文明实体往上推，从其成熟的国家社会所表现出的明显特征中，探究早期国家、早期文明某些特质的萌芽及其发生发展过程。由于丰富的文献材料及由此产生的史学传统，这一探索理所当然地以对具体王朝的确认为中心。

20世纪初叶，王国维对安阳殷墟出土的甲骨文进行释读研究，证明了《史记·殷本纪》所载商王世系表基本可靠、殷商王朝的事迹为信史。这一重大学术收获给了中国学术界以极大的鼓舞。1928年开始的殷墟发掘，确认了安阳殷墟是商王朝晚期阶段的都邑，使该遗址成为探索夏商王朝的一个"已知"的基点。

一、殷墟与洹北（1928～　　）

1928～1937年，中研院历史语言研究所考古组在安阳殷墟遗址持续发掘，总计十五次。这是中国学术机关独立进行科学考古发掘的开端。小屯村3组50余座夯土基址、西北冈王陵区11座大墓及1200余座小墓和祭祀坑的发现与发掘，以及包括24000余片甲骨和数以万计的青铜器、玉器、陶器等各类遗物的出土，奠定了殷墟遗址在中国乃至全球文明史上的重要地位。

1950年，中国科学院考古研究所成立，恢复了殷墟遗址群的发掘工作。1958年，考古研究所成立安阳工作队，开始对殷墟进行长期全面的发掘和研究工作。1961年，殷墟被列为第一批全国重点文物保护单位，划定了重点保护区和一般保护区范围，面积约24平方千米。在小屯宫殿宗庙区一带发现作为防御设施的大灰沟。此外，比较重要的是发掘了一批手工业作坊遗址，包括铸铜作坊、制骨作坊、制玉石场所和陶窑等。先后在多处地点发现殷代甲骨埋藏坑，出土刻辞甲骨6500多片。清理晚商墓葬7000座以上，其中有数十座带墓道的大型墓；清理车马坑30余座、祭祀坑200余座。此后，田野考古工作持续进行。

就目前的认识，以洹南小屯宫殿宗庙区和洹北西北冈王陵区为中心的200余年的时间里，随着人口的增多和社会的繁荣，殷墟都邑经历了规模由小到大、结构逐渐复杂的过程，聚落总面积达36平方千米（由对殷墟边缘区的勘查可知，较之早年划定的24平方千米的保护范围，殷墟遗址群向南有大规模延伸）。宫殿区的范围可能不限于大灰沟与洹河围起的70万平方米的区域，而是向西延伸，以人工或自然沟壑为界。但在90余年的田野考古工作中一直未发现外郭城的迹象，这与其前的二里头都邑和其后的西周时代三大都邑（陕西周原、丰镐和河南洛邑）是一脉相承的。

1996年开始，为配合"夏商周断代工程"的研究，中国社会科学院考古研究所安阳工作队开始在洹河北岸一带进行钻探和重点发掘。1999年底发现了大型城址，定名为洹北商城。随后开始在城内进行系统钻探，于中南部发现了大型夯土建筑基址群，已确认夯土基址30余处，并在其外围发现了面积约41万平方米的宫城，在宫城内已发掘1号、2号两座大型建筑基址，以及大型手工业作坊等重要遗存。大片宫殿建筑在兴建不久即被火焚毁，在聚落周围挖建了圈围面积达4.7平方千米的方形环壕。此外，位于洹北商城方壕以西的西北冈王陵区也发现了可能属于洹北商城期的高等级墓葬，果如是，则西北冈王陵区的使用上限可早至洹北商城期。至本期晚段，出于目前还不知道的原因，刚刚挖就的方壕随即被草草回填，都城的重心即移到了洹南。

从考古发现的材料看，以小屯为中心的殷墟遗址群的主体遗存是自武丁开始的（一般认为甲骨文也始于武丁），因此，有的学者提出殷墟始迁于武丁。而较之稍早的洹北商城，应处于文献记载"殷"的范围内，因此认为盘庚迁殷的地点，最初可能是在安阳洹河北岸。至武丁即位，国力隆盛，方迁到现在所知的以小屯为中心的殷墟。也有学者推断洹北商城可能为河亶甲所迁"相"，或认为无法排除"河亶甲居相"，也不能否定"盘庚迁殷"，甚至还有"先后续存"的可能。可见，一旦缺乏像甲骨文那样的"内证性"文书材料，对考古遗存的狭义史学阐释即已从已知进入了未知的范畴。

二、郑州与偃师（1950～　）

1950年开始，在现郑州市区及附近区域，随着大规模基本建设的展开，大规模的古代遗存被发现。新发现的这类早于安阳殷墟的商文化遗存，被称为商代二里冈期文化或二里冈文化。铸铜作坊、制陶作坊、与制骨作坊相关的遗存，以及随葬青铜器和玉器的墓葬出土，使人们意识到这里应是一处人口密集的大型城邑。早于殷墟的商文化与大型城邑的确认，是考古学在中国早期文明史建构上的一个重要贡献。

随后，接近长方形的二里冈文化时期夯土城垣被发现。城内东北部的夯土建筑基址群被推定为与城垣大致同时兴建的宫殿区。20世纪70～90年代，先后在西墙外和东南城角外发现了三处铜器窖藏，出土了青铜大方鼎等重要礼器。郑州商城西南城垣外700～1200米处发现的夯土墙基，形成围绕郑州商城西、南侧的又一道防御设施。

种种发现表明，二里冈文化阶段，郑州开始出现大型都邑，中心区兴建起了周长近7千米的夯土城垣，现已究明其属于内城，城圈面积达3平方千米。外城城垣，由西南至东北，对内城形成环抱之势，外城加东北部沼泽水域围起的面积逾10平方千米，或说超过13平方千米。城址周围手工业作坊、祭祀遗存、墓葬区等重要遗存的分布范围达15平方千米。在其周边，还分布有众多小型遗址，应属郑州商城的"卫星"聚落。

郑州商城郊外，规格较高的超大型遗址——小双桥遗址的面积达300万平方米。该聚落延续时间较短，遗存主要属二里冈文化的最后阶段。这里发现了面积约2000平方米的大型夯土台基，其原高至少在9米以上。在遗址的中心区，已揭露数处大规模的夯土建筑基址，包括牲祭坑、人祭坑在内的20余处祭祀遗存及与青铜冶铸有关的遗存。遗址中还发现了较多与冶铸有关的遗存。大型夯土台基西侧附近的壕沟内曾发现大型青铜建筑饰件，显示出不凡的规格。

关于小双桥遗址的性质问题，有的学者认为应是商王仲丁所迁隞都，也有学者认为它应属郑州商城的离宫别馆、宗庙遗址，或郑州商城使用期后段商王室的祭祀场所。就现有材料而言，小双桥遗址面积较郑州商城显然尚小，郑州商城在其存在时期也并未完全废弃，因而是否可确认其为商王朝的都邑，尚难遽断。

坐落于洛阳盆地东部的偃师商城遗址，发现于1983年。中国社会科学院考古研究所旋即组建了工作队负责偃师商城的勘探和发掘。此后一系列的田野工作，为建立该城址的考古编年序列，探究城址以及宫殿区的布局、建筑结构及其演变过程，乃至进一步探究该城的性质，提供了丰富系统的资料。

与郑州商城大体同时的偃师商城，最初建有圈围面积约 86 万平方米的小城圈，而后北、东两面外扩（城外东南部已探明有水泊遗迹，东城垣南段很可能为避开该水泊而向西拐折），城内面积约 1.9 平方千米。大型建筑区位于城址的南部。以被称为"宫城"的第 I 号建筑基址群为中心，包括多处可能为府库和囷仓的建筑群及其他建筑基址。大城城垣宽厚且有意设计出多处拐折，城门狭小，以及城内府库类建筑的设置，都体现了较浓厚的战备色彩。

总体上看，郑州商城和偃师商城两座城邑在聚落层级上的差异是显而易见的；同时，二者的城市功能也很可能有较大的不同。鉴于此，郑州商城为主都，偃师商城是军事色彩浓厚且具有仓储转运功能的次级中心或辅都、副都的意见应是较为妥当的。

三、二里头（1959～　　）

1959 年，徐旭生等在梳理文献的基础上对可能的"夏墟"进行踏查的过程中，又发现了二里头遗址。以此为契机，中国最早的青铜时代文化——二里头文化进入了考古工作者的视野，这一文化在年代上晚于龙山文化而早于二里冈文化。

二里头遗址的田野考古工作起步于 1959 年，60 余年中的前 40 年（1959～1998 年），建立起了以陶器为中心的文化分期框架，这是日后一切深入研究的基础。至于大型宫室建筑、铸铜作坊、贵族墓葬及最早的青铜礼器群等高等级遗存的发现和揭露，则确立了二里头遗址作为早期大型都邑及以其为代表的二里头文化在中国早期国家、文明形成研究中的重要历史地位。

自 1999 年开始，二里头遗址新一轮的田野考古工作在理念与重心上都发生了重要变化，即将探索聚落形态作为新的田野工作的首要任务。与此同时，通过细致的工作，为年代学、经济与生业形态、成分分析及工艺技术、地貌环境与空间分析等提供可靠样品与精确信息，积极深化多学科合作研究。注重聚落形态探索及多学科合作研究，构成了世纪之交以来二里头遗址田野考古工作与综合研究的两大特色。在二里头遗址又发现了目前所知中国最早的与明清紫禁城形制相近、具有承继关系的宫城，最早的中轴线布局的大型宫室建筑群和多进院落宫室建筑，最早的城市干道网及以此区隔的其他围垣功能区，其中最重要的是包含铸铜作坊和绿松石器作坊的官营手工业作坊区。

依据上述考古发现，学术界大体上取得了这样的共识，即二里头文化是东亚大陆最早的广域王权国家的遗存；二里头都邑规模宏大，布局严整，是迄今为止可确认的中国最早的王朝都城遗址，各类遗存开中国古代宫室制度、都邑制度、礼乐制度之先河。以二里头都邑为典型代表的二里头文化，向周边地区大幅度地施加文化影响，成为东亚大陆最早的"核心文化"。目前，一般认为它是探索夏文化的重要对象，而二里头都邑应是夏王朝晚期都城。

这一探索历程给我们的启示是，文献中的古史传说并非全属无稽之谈；经过系统梳理考证的文献，可以作为探索中国早期文明的有益线索。而上述认识，是考古学对中国古代文明史研究的重大贡献，现在看来，也是考古学在夏商文化探索中所能提供的历史信息的最大限。由于在二里冈文化和二里头文化中，尚没有发现像甲骨文那样的内证性文字材料，因而不能确认二里冈文化究竟仅属商代中期抑或涵盖整个商前期，早于它并与其有密切关联的二里头文化各期遗存的王朝归属问题等也就无法确认。显然，就早期王朝与族属的研究而言，早于殷墟时代的考古学文化已进入未知的领域。

四、若干思考

要之，地处中原地区的夏商王朝都邑均规模巨大，内涵丰富。由二里头文化二里头都邑现存面积约3平方千米，到二里冈文化郑州都邑逾10平方千米，安阳殷墟的总面积更达30平方千米以上，构成东亚大陆聚落和

讲座现场

讲座现场

社会发展史上的首个大提速的时代。且在这些都邑遗址中都发现有应属宫殿宗庙的大型夯土建筑基址及大型手工业作坊遗址。这是此前的新石器时代晚期大型中心聚落遗址和同时期的周边方国、邦国都邑遗址所不能比拟的。可以说，夏商王朝都邑的城市形态充分地显示了中国早期都邑文明的特质，是探索中国城市起源及其初步发展轨迹的标尺。

从学术史的角度看，近百年来夏商都邑遗址的考古工作，既是中国考古学长足发展的重要组成部分，又是其转型嬗变的一个缩影。从安阳殷墟到二里头遗址田野工作理念及重心的转变、综合研究中呈现出的新态势，都表明夏商都邑遗址的发掘与研究正是中国考古学从物质文化史研究为主的阶段向社会考古学为主干的新阶段转型的一个缩影。在以聚落考古理念为基础的夏商都邑田野考古工作取得突破性进展的前提下，将更多的精力转向以全面复原古代社会为主要目标的社会考古学探索，无疑代表了20世纪90年代中后期以来学界出现的一种新的学术取向和研究思路。这和国际考古学界的研究趋势是相一致的。

随着"夏商周断代工程""中华文明探源工程"和"考古中国"等专题研究的开展，关于夏商都邑的田野工作与综合研究也方兴未艾，甚至成为相关学术讨论的焦点，由此引发的理论方法论探讨，显现出考古学人的科学自觉，相信将有裨于中国考古学学科的健康发展。作为在中国古代文明史上占有重要地位的大遗址，二里头、郑州商城和小双桥、偃师商城、洹北商城和安阳殷墟等夏商都邑遗址的考古工作，也将在新时期面向世界的社会考古洪流中，彰显出新的辉煌。

长江中游文明进程研究概要

方　勤

湖北省文物考古研究所　湖北省博物馆

讲座时间：2021年10月19日（周二）下午14：30～16：00
讲座地点：三门峡市渑池县仰韶学校学术报告厅

  长江是中华民族的母亲河，也是中华民族发展的重要支撑。长江造就了从巴山蜀水到江南水乡的千年文脉，是中华民族的代表性符号和中华文明的标志性象征，是涵养社会主义核心价值观的重要源泉。长江中游地跨鄂、湘、皖、赣、豫五省。长江中游文明是中华文明的重要组成部分，它既有自身独特的文化演进模式，同时又与中原有着广泛的互动和交流，最终完全融入中华文明的大家庭之中。为了进一步探索长江中游文明演进过程、解读中华文明构成密码，2020年国家文物局批准实施"考古中国·长江中游文明进程研究"长江中游文明进程研究项目，聚焦公元前3700～前221年的长江中游地区，从新石器时代的文明曙光，到中原夏商文化对本地文明的催生、周王朝对南方的经营、楚对南方的开发直至秦统一这一重要而长时段的历史进程，旨在探索长江中游地区从史前文明到夏商周文明的转型过程，寻找长江中游文明形成的机制与模式，并阐述其动因，全面评估长江中游地区文明进程对中华文明的贡献。

  公元前3700～前2000年的长江中游地区，从新石器时代油子岭文化时期的两湖文化趋同，到屈家岭—石家河文化鼎盛阶段文明曙光的出现，再到石家河文化之后，长江中游本土史前文明衰落，整体参与进华夏化进程这一重大历史过程。全面研究长江中游史前的社会复杂化过程、区域文明模式以及长江中游在中华文明化进程中的历史地位和作用，对深化中华文明研究，推进中华文明探源工程，实证中华文明延绵不断、多元一体、兼收并蓄的发展脉络具有重大意义。重点实施澧县鸡叫城遗址、华容七星墩遗址、南阳黄山遗址、京山屈家岭遗址、天门石家河遗址群、沙洋城河遗址、靖安老虎墩遗址、保康穆林头遗址等项目，取得了一系列成果，如澧县鸡叫城发现了大型水网系统、稻田和大型木构建筑；天门石家河遗址的考古勘探和发掘基本捋清了石家河城的城墙、城壕（护城河）、外郭城，古城面积达到300万平方米，明确了三条从城外进入城壕（护城河）和城内的水系；沙洋城河遗址发现了屈家岭文化高规格墓地与古城水利系统；南阳黄山遗址的发掘为我们了解屈家岭文化北扩提供了更为丰富的资料，襄阳凤凰咀发现水门和水系统结合的城址。

进入夏纪年的公元前2000年前后，华夏化进程明显加快。进入夏纪年的澧县孙家岗遗址发掘揭示出一处规模最大的肖家屋脊文化墓地。石家河遗址中肖家屋脊文化的辨识，是夏时期江汉地区最初参与华夏化进程的实证；三官庙遗址的发现及盘龙城王家嘴等二里头时期相关遗存研究，推动了本地区与中原夏文化研究的互动。黄陂盘龙城、鲁台山郭元咀铸铜遗址、石门宝塔遗址的发掘，黄石阳新铅资源的调查与发现，以及黄石铜绿山、安徽台家寺、江西铜岭等遗址的进一步研究，揭示了依托长江中游丰富铜资源的采冶、铸造、运输的体系和与之相关的文化交流互动，以及商王朝对南方的经略。随州义地岗墓群的发现和收获补充了曾国历史在春秋中期的缺环，与其他曾国系列考古一起构建了两周时期较为完整的曾国世系，它与苏家垄等遗址的发掘和宜昌万福垴等楚文化遗址的研究，共同揭示了两周时期本地区文化演进形态，信阳城阳城遗址、荆州纪南城故城遗址、寿县寿春城遗址和武王墩墓地等，进一步阐释了楚文化的扩张与影响。

通过观察，长江中游文明进程，与中原文明的交流、冲撞与融合是其突出特征。主要表现为四次：

第一次，仰韶文化时期，中原文明对长江中游文明的影响。

长江中游地是从距今9000～7500年的彭头山文化起步，随之城背溪文化、大溪文化连续发展。距今6000年前后，仰韶文化通过枣阳雕龙碑遗址，向南强力扩展，推动了油子岭文化在汉水以东地区的兴起。在今三峡大坝坝址的中宝岛遗址，发现了来自中原仰韶文化因素的陶器，是中原文明对长江中游文明影响所致。

第二次，屈家岭、石家河文化向北扩张。

距今5500年前后长江中游文明不断向西、南扩张，完成了两湖地区的文化统一。此后，以屈家岭文化（距今5200～4500年）、石家河文化（距今4500～4100年）为代表的史前文明的出现和成熟，标志着长江中游地区进入"古国时代"。石家河城等中心聚落通过整合文化与资源，引领长江中游不断向前发展，达到了史前文化的高峰。在南阳黄山遗址，原本是仰韶文化的聚落，被后来进入的屈家岭文化替代，并发现了屈家岭时期的高等级大墓，说明长江中游文明的强势北进，是首次"问鼎中原"。

第三次，夏商至西周时期，中原王朝对南方的经营。

距今4000年前后，以肖家屋脊文化为代表的江汉地区文化开始融入中原文明，这一进程恰可与"禹征三苗"传说相印证。距今约3600年的二里头文化中晚期，夏文化在南方深入到江、淮腹地。商代早期的二里冈文化时期（前1600～前1400年），商人南进，在长江中游建立一系列据点，并越过长江推进到更加广大的范围。盘龙城成为这一时期商人在长江中游的中心城市。夏商王朝南进的重要目的可能是控制长江中游等地的铜矿资源。二里头文化晚期（前1900～前1500年），以伊洛流域为中心的夏王朝沿江汉地区东部和江淮地区西部向南扩张。商王朝早期，中原文化进一步深入长江中游地区。二里头文化是指以河南偃师二里头遗址为代表的夏代考古学文化，其中心区位于河南中西部、山西南部。二里头文化形成后逐步向外扩张，二里头文化南进路线或经方城隘口入南阳盆地，此后深入汉水、丹江流域，直至江汉平原西部；或越过桐柏山抵达长江北岸盘龙城遗址；或由颍河、淮河至江淮西部，直到巢湖以东。二里头文化的南进是长江中游纳入统一的中国历史文化体系的开始。商代早期，盘龙城作为商人控制南方的核心城市，盘龙城的发现首次确认在商代早期商文化的范围已从中原扩大到了长江流域。盘龙城文化面貌与同期的建筑技术、青铜工艺、埋葬习俗、玉器风格等方面都与商代都城二里冈上层文化一致，它是商人为开发南方、获取资源在长江中游建立的一个重要据点。

二里冈文化时期，中原王朝的势力除了在湖北北部建立以盘龙城为核心的据点，其势力已经扩张至长江中游腹地，到达江陵荆南寺、岳阳铜鼓山、九江神墩、黄梅意生寺、潜山薛家岗、含山大城墩。商人南下与鄂东南、赣西北地区有丰富的铜矿资源有关。古人开采铜矿是由露采发展到追踪矿脉进入地下的坑采。从商代开始，有多种探矿、多种井巷联合开采技术，出现可在井下"装配"构件的支护技术，铜质采掘工具和提升滑车。瑞昌铜岭铜矿遗址位于瑞昌市夏畈镇铜岭村，铜岭遗址以铜岭头采矿区为中心，周边分布着8处重要的生活、冶炼遗址，其铜矿采冶活动始于商代早期，有商代中期、春秋晚期至战国早期两个生产高峰期，分别由商王朝和楚国控制开采。荞麦岭夏商时期遗址位于江西省九江市柴桑区，分布范围大，地层堆积深厚，发现遗迹众多，年代系列清晰，文化内涵以中原文化因素为主，融合了本土的文化因素，是中原文化早期经略南方地区的重要证据，是夏商中原文化在江西地域的最集中表现。郭元咀遗址位于武汉市黄陂鲁台山北麓。面积12万余平方米，现仅存约3000平方米，揭露出商代晚期用于铸铜的大型台基及各类遗迹。出土商代遗物十分丰富，包括青铜器、冶铸遗物、陶瓷器、石器等，其中冶铸遗物有铜块、铜渣、坩埚残块、陶范等与铸铜有关的遗迹和遗物，其铸铜原料或来源于鄂东、赣北等地的长江铜矿带，揭示了殷墟时期青铜铸造的组织、原料的运输。

西周早期，周王朝经汉水中上游深入江汉地区，在战略要地分封了邓、鄂、曾等诸侯国以经略南方，其中尤以南公封国曾国为大。在长江以南地区，炭河里文化形成，其影响直达岭南地区。考古发现证明，曾国立国于西周早期。考古工作者在湖北随州叶家山发现了140座曾国墓葬，三位曾侯安葬于此。出土的大量青铜器、漆器、玉器等文物，揭示出曾国是重臣南公封国，扼守南北交通要道随枣走廊，是周王室分封至江汉地区的重要诸侯国。北宋时期在今湖北安陆出土"安州六器"之一的"中甗"及现藏日本出光美术馆的"静方鼎"等有关周昭王南征伐楚的铜器铭文，有周王"在曾""在曾、鄂师"的记录。叶家山考古发现不仅确认了曾国的存在，而且进一步印证周王南征正是以随州的曾、鄂两个重要方国作为讨伐蛮夷的军事屏障。苏家垄新出土的曾伯桼铜壶器形高大厚重，盖顶有镂空莲瓣形冠，有铭文为："唯王八月，初吉庚午，曾伯桼哲圣孔武，孔武元犀，克逊淮夷，余温恭且忌，余为民父母。惟此壶章，先民之尚。余是桼是则，允显允异。用其鐈鏐，唯玄其良，自作尊壶，用孝用享于我皇祖，及我文考，用赐匄眉寿，子孙永宝。"与陈介祺旧藏曾伯桼簠铭文："唯王九月初吉庚午，曾伯桼哲圣元武，元武孔黹，克逊淮夷，抑燮繁阳，金道锡行，既具俾方。余择其吉金黄铝，余用自作旅，以征以行，用盛稻粱，用孝用享于我皇祖文考，天赐之福，曾伯桼遐丕黄耇，万年眉寿无疆，子子孙孙永宝用之享。"对照，表明曾国是肩负保护从长江向中原运送铜资源的"金道锡行"通路畅通使命。

第四次，至春秋中期以后，楚文化不断扩张，直至秦统一完全融入中华文明。

昭王南征失利后，楚国逐渐崛起，至春秋时期，楚日益强大，江淮地区与之相邻的小国或为之所灭，或沦为其附庸。《左传》中说："周之子孙在汉川者，楚实尽之。"曾国由王室藩屏变为楚国同盟。楚人曾陈兵周郊，问鼎中原。春秋晚期，吴师入郢，楚国一度中衰。昭王、惠王复国中兴，后经强兵变法，疆域扩张至长江下游及赣江、湘江流域，为秦统一全国、长江中游完成华夏化进程奠定了基础。公元前278年，秦将白起拔郢，楚人先后迁都陈（今河南淮阳）、寿春（今安徽寿县）。公元前223年楚国为秦所灭。秦在楚地实行郡县制，长江中游地区完成由区域文明向华夏文明的转变，长江中游完全融入大一统的国家治理体系中。

在五千多年漫长的文明发展史中，中国人民创造了璀璨夺目的中华文明，为人类文明进步事业做出了重大贡献。长江中游地区文明化进程研究是中华文明进程研究的典型个案，把考古探索和文献研究同自然科学技术手段有机结合起来，综合把握物质、精神和社会关系形态等因素，逐步还

讲座现场

原文明从涓涓溪流到江河汇流的发展历程,对于深化中华文明研究,推进中华文明探源工程,阐释中华文明起源所昭示的中华民族共同体发展路向和中华民族多元一体演进格局具有重要意义。

上林苑的考古发现与研究

刘 瑞

中国社会科学院考古研究所

讲座时间： 2021年10月18日（周一）上午9：00～11：00

讲座地点： 灵宝市实验高中北校区阶梯教室

　　从现有资料看，至少在战国秦时已开始在渭河以南修建上林苑，秦统一后上林苑继续存在。《史记·秦始皇本纪》载"诸庙及章台、上林皆在渭南"，秦二世在赵高指鹿为马后亦曾"入上林斋戒"。因此《三辅黄图》就讲"汉上林苑，即秦之旧苑也"。秦统一后修建的朝宫——阿房宫即营建于上林苑内。《史记·秦始皇本纪》载：

> 三十五年……于是始皇以为咸阳人多，先王之宫廷小，吾闻
> 周文王都丰，武王都镐，丰镐之间，帝王之都也。乃营作朝宫渭
> 南上林苑中。

　　秦二世在完成骊山秦始皇陵复土之事后，续作阿房宫。但随着秦的二世而亡，阿房宫"未成"。刘邦建汉，定都长安，再未启动阿房宫续建。到汉武帝扩修上林苑时，"举籍阿城以南，盩厔以东，宜春以西……欲除以为上林苑"。汉初的上林苑以阿房宫为南界，到汉武帝扩修后，阿房宫就包括在宏大的汉上林苑中。随着西汉灭亡，汉上林苑不复存在，阿房宫则因其高敞且距京城甚近，逐渐成为屯兵之所。

　　上林苑的考古与研究工作，大体经过了以下三个阶段。

一、早期的上林苑调查与发现

　　民国二十二年（1933年）春，国立北平研究院史学研究所徐旭生先生开始在陕西进行以探索"周民族与秦民族初期的文化"为目标的考古工作，调查了位于上林苑内的阿房宫遗址，确定了阿房宫的所在。1935年西京筹备委员会出版的《西京胜迹图》很快采纳了之前的调查意见，该图后

被收录于后来出版的著作之中[①]。

中华人民共和国成立之初，徐旭生先生曾亲至夏鼐先生处，谈及"丰镐及阿房宫设置问题"[②]。1955年5月下旬，夏鼐先生到西安时即赴阿房宫开展调查：

> 归途至阿房宫故址参观，俗传故址乃一小土台，现为三角测量站054，面积太小；其西之大台基，东西几达千米，厚五六米（每层5.5～8厘米），有瓦当做×形（按：作S形螺旋纹）及"上林"（按：仅留上部右半），背面有刺点纹[③]。

日记中夏鼐先生所见"S形螺旋纹"瓦当可能是今天所说的秦葵纹瓦当，而"上林"瓦的记述非常重要。作为一种自名性质的瓦当，"上林"瓦当一直被认为是汉代上林苑建筑的标志性遗物。过去我们不仅在文献中没有见到汉代在阿房宫台基上进行上林苑建设的记载，从夏鼐先生采集的这枚"仅留上部右半"的"上林"残瓦当情况看，西汉时期应该在未曾完工的阿房宫巨大台基上有所建设。

二、2002～2008年的阿房宫与上林苑考古

2002年10月，根据国家文物局批示，中国社会科学院考古研究所和西安市文物保护考古所筹建组成阿房宫考古工作队（顾问：刘庆柱；领队：李毓芳，副领队：孙福喜；成员：王自力、张建峰），启动了阿房宫考古，至2008年初基本结束。

2002年10月～2004年10月，阿房宫考古工作队对传统认为的秦阿房宫之核心建筑——前殿遗址开展考古调查、勘探与发掘。确认前殿遗址夯土台基东西长1270、南北宽426、现存夯土台基7～9米，最高处达12米。为了加强夯土台基的稳固性，台基的西、北、东边缘自外向里收缩，形成二至三个台面。夯土台基之上西、北、东三面（在收缩的最高的台面上）有夯筑土墙，墙顶部有防雨的铺瓦建筑；夯土台基南边缘没有围墙，而是呈斜坡状（由南向北斜上前殿）。据发掘资料台基上面的北墙可分东部、

---

① 王澹如：《西京游览指南》，天津大公报西安分馆民国二十五年版。

② 夏鼐：《夏鼐日记》（卷五）1953年11月15日，华东师范大学出版社，2011年，第51页。

③ 夏鼐：《夏鼐日记》（卷五）1955年5月22日，华东师范大学出版社，2011年，第158页。

刘庆柱、李毓芳2004年在阿房宫遗址发掘

西部和中部三部分。

从考古资料看，前殿夯土台基南侧的斜坡，应为建筑台基时踩踏所形成的路面，表明夯筑台基时运土路线是从南到北，修建顺序是由北往南夯筑。台基北、东、西三面墙已建好，台基南侧仍为修建过程中使用的斜坡路土还未处理，南墙尚未修建，故前殿尚未竣工。前殿遗址夯土台基之上没有发现秦代文化层和秦代宫殿建筑遗迹，表明阿房宫前殿没有建成。此外，在前殿台基进行密集勘探和局部发掘中，均未发现火烧痕迹，说明前殿在秦末战乱中未遭大火焚烧①。

在完成前殿遗址考古工作后，为进一步"搞清现在地表尚存的几个古代建筑遗址（均有夯土台基）与阿房宫前殿遗址的关系"，"搞清阿房宫前殿周围有无附属建筑"，而"因阿房宫建筑在秦上林苑内，后来这里又是汉代上林苑故地"，故而"还要把阿房宫的建筑从秦、汉上林苑的宫、观建筑中剥离出来"②，阿房宫考古工作队从2004年11月至2007年底，以前殿遗址为中心，在西至沣河（距前殿6千米）、北至渭河（11千米）、东至皂河（2千米）、南至汉代昆明池北岸（3.5千米），面积达135平方千米的范

① 中国社会科学院考古研究所、西安市文物保护考古所阿房宫考古工作队：《阿房宫前殿遗址的考古勘探与发掘》，《考古学报》2005年第2期。

② 中国社会科学院考古研究所、西安市文物保护考古所阿房宫考古工作队：《阿房宫前殿遗址的考古勘探与发掘》，《考古学报》2005年第2期。

上林苑一号建筑遗址
北侧石渠（由东向西）

围内开展了考古调查与勘探工作，先后发掘了上林苑一至六号建筑遗址。

上林苑一号建筑遗址位于阿房宫前殿遗址西面1150米处，旧称纪阳寨遗址。该建筑遗址分南部宫殿区和北部园林区。南部宫殿区部分夯土台基在现代地表之上尚残存高7米，自秦代地面以上则存高9米。台基已遭破坏，现存部分东西最长处为250、南北最宽处为45米，面积约11250平方米。此外还发现园林景观。遗址出土的建筑材料具有明显的战国时期特征，遗址的建设应早于阿房宫。因其地处渭河以南秦上林苑中，当为战国时期秦上林苑建筑之一，编号为上林苑一号建筑遗址[①]。

上林苑二号建筑遗址位于阿房宫前殿遗址西南约1200米，上林苑一号建筑遗址南500米，传为"阿房宫烽火台"的遗址。该遗址上部为建筑物残迹，下部为夯土台基。整个夯土台基现存部分厚3.6米，上层厚1.6、下层厚2米，夯层厚5～7厘米。在台基上层的南沿向南2米处，发现东西

---

① 中国社会科学院考古研究所、西安市文物保护考古所阿房宫考古工作队：《西安市上林苑遗址一号、二号建筑发掘简报》,《考古》2006年第2期。

上林苑二号建筑遗址发掘
（由南向北）

向建筑物倒塌后形成的瓦片带，宽约3米。该遗址出土建筑材料与一号建筑遗址相同，当营建于战国时期。其地处上林苑中，编号为上林苑二号建筑遗址①。

上林苑三号建筑遗址位于未央区后围寨村北，南距阿房宫前殿遗址约3800米，习称"后围寨遗址"。经考古确定，现存遗址分下部夯土台基和上部建筑两部分。下部夯土台基现存主体东西长92、南北长84、厚1.2～2米，台基之下为生土或细沙。台基偏南部向西延伸，保存范围长59、宽15～20米。上部建筑仅发现于遗址偏北，残存部分形状不规则，现存通高7米。整体为夯筑而成，夯层厚6～10厘米。遗址出土建筑材料多数与上林苑一号建筑遗址所出基本相同，显示建筑营建于战国时期。遗址还出土饰中粗或粗绳纹、背面饰粗布纹的筒瓦片、西汉五铢钱，表明其沿用至西汉时期，并有改建或翻修，为汉上林苑建筑。遗物中未见晚于西汉者，推测建筑毁弃应在西汉末年。其地处上林苑中，编号为上林苑三号建筑遗址②。

① 中国社会科学院考古研究所、西安市文物保护考古所阿房宫考古工作队：《西安市上林苑遗址一号、二号建筑发掘简报》，《考古》2006年第2期。
② 中国社会科学院考古研究所、西安市文物保护考古所阿房宫考古队：《西安市上林苑遗址三号建筑及五号建筑排水管道遗迹的发掘》，《考古》2007年第3期。

上林苑四号建筑遗址位于阿房宫前殿遗址东500米左右，传为"阿房宫上天台"。遗址地面存高大土台，勘探确定其位于遗址中部偏西，发现土台北面、东面、西面均有建筑遗迹，南面未见建筑遗迹。土台为夯筑，从高台南侧地表向上通高15.2米。上下可分为三层。在夯筑土台以东19～32米，东部建筑遗址以西30～40米处，考古发掘了东、西并列的两组地下排水管道。

遗址出土建筑材料与上林苑一号建筑遗址出土板瓦、筒瓦的制法、形制和纹饰相同，据此推断该遗址同为战国时期建筑。与此同时，遗址还出土大量粗绳纹板瓦片和少量厚重素面铺地砖残块、五角形排水管道残片及汉代半两钱、直角铁钉，说明建筑沿用到汉代。遗址地处战国秦上林苑内，编号为上林苑四号建筑遗址[①]。

上林苑五号建筑遗址位于阿房宫前殿遗址东北角以外500米处某钢厂废址内，遗址在钢厂厂房改建时发现，保存状况极差，保存遗迹为两组排水管道，从房屋建筑残址下通过，属五号建筑遗址的排水设施。两组排水管道形制基本相同，均由三条管道排列成横剖面"品"字形结构，即下层铺设两条管道，上层在下层两条管道之上的中间部位铺设一条管道。第一组管道南北向，已发掘部分长18米；第二组管道位于第一组管道东，相距20.5米，整体东西向。管道铺好后在水管周围及其顶部抹草泥，后回填五花土并经夯打。遗址出土建筑材料显示，其当建于战国时期，因地处上林苑内，编号为上林苑五号建筑遗址[②]。

上林苑六号建筑遗址位于阿房宫前殿遗址东北方向2000米今武警工程学院内，传为"秦阿房宫磁石门"。经考古确定，该遗址为一处南北长、东西窄的高台宫殿建筑遗址，分下部夯土台基和上部宫殿建筑两部分，夯层一般厚5～8厘米。下部夯土台基形状不规则，现存部分南北最长57.5、东西最宽48.3米，自现在地表向下，夯土厚3.7米。上部宫殿建筑因建筑物已完全被破坏，仅残存基址，其形状不规则，现存部分南北最长45、东西最宽26.6、高出地表1.5～2.4米。该遗址出土建筑材料与上林苑一号建筑遗址相同，其修建应在战国时期。遗址还出土汉代建筑材料，显示其沿用到西汉前期。从发掘情况看，该遗址为高台宫殿建筑，非门址。因地处

① 中国社会科学院考古研究所、西安市文物保护考古所阿房宫考古队《上林苑四号建筑遗址的勘探和发掘》，《考古学报》2007年第3期。

② 中国社会科学院考古研究所、西安市文物保护考古所阿房宫考古队：《西安市上林苑遗址三号建筑及五号建筑排水管道遗迹的发掘》，《考古》2007年第3期。

上林苑一号遗址西垣发掘（由南向北）

上林苑中，编号为上林苑六号建筑遗址①。

此外，对上林苑三号建筑遗址东北2000米处的"好汉庙遗址"、阿房宫前殿遗址北2300米处的"秧歌台"遗址开展考古调查，确定其为上林苑内遗存，在阿房宫前殿遗址东南约2000米（东凹里村南）一带发现汉代上林苑建筑遗址②。

三、2011年以来的上林苑考古

2011年，以原"阿房宫考古工作队"为基础，中国社会科学院考古研究所、西安市文物保护考古研究所组成"阿房宫与上林苑考古队"[顾问：刘庆柱；领队：刘瑞，副领队：张翔宇（2013年后为王自力）；成员：李毓芳、柴怡（2014年后为宁琰）]，启动上林苑遗址的系统考古调查、勘探

---

① 中国社会科学院考古研究所、西安市文物保护考古所阿房宫考古队：《西安市上林苑遗址六号建筑的勘探和试掘》，《考古》2007年第11期。

② 阿房宫考古工作队（李毓芳、孙福喜、王自力、张建锋）：《近年来阿房宫遗址的考古收获》，《中国文物报》2008年1月4日第7版。

李毓芳、刘瑞在昆明池钻探工地

与发掘工作。

2011年秋，阿房宫与上林苑考古队以阿房宫遗址前殿为中心，北至渭河、南至汉昆明池中部、西至沣河、东至汉长安城遗址景观协调区范围线及皂河的114平方千米的范围内，开展了以秦阿房宫、秦汉上林苑为核心的秦汉遗存专题调查。

2012年对沣东新城王寺街道细柳村的上林苑十一号建筑开始勘探、试掘，确定该遗址南北长约800、东西约500米，面积约40万平方米，北、西、南三侧有沟，宽10～20、深1.5～2.5米。出土五铢钱背范、范母、铜钱等遗物，确认遗址是一个时代单纯的汉代大型铸钱遗址[1]。

2012年，配合陕西省高速公路建设集团公司西宝高速公路改扩建项目阿房宫立交A、B匝道，开展上林苑一号遗址考古工作，清理确定一号建筑遗址西墙，据出土遗物，G1、G2、G3等均为汉代遗迹，推测附近应有较大规模的汉代建筑，丰富了有关上林苑一号遗址时代的认识，为进一步认识上林苑一号遗址提供了宝贵资料[2]。

2012年，考古队对周至集贤东村遗址开展考古勘探，发现三座夯土建

① 刘瑞：《西安沣东新城汉代上林苑11号遗址》，《中国考古学年鉴（2013）》，文物出版社，2014年，第445页。

② 刘瑞：《西安沣东新城上林苑1号遗址》，《中国考古学年鉴（2013）》，文物出版社，2014年，第439页。

讲座现场

筑基址。一号夯土建筑基址东西长约27、南北宽约18米。二号夯土建筑基址大体呈东南—西北方向，东西长35、南北宽约25米。三号夯土建筑基址呈东南—西北向，东西长约45、南北约29米。在三号夯土建筑基址西北地表下1.5米处发现东西并排的两条陶质圆形排水管道。遗址采集遗物与上林苑一号建筑遗址基本相同，表明建筑应建于战国秦时。从采集物看，也有少量明显的汉代建筑材料，表明建筑沿用到汉代，是一座秦汉上林苑内的重要建筑。

昆明池是上林苑中的最重要池沼，经汉武帝元狩三年（前120年）、元鼎元年（前116年）两次修建而成，到唐代仍是帝王行幸的重要池沼。2012年开始对昆明池遗址进行大规模的考古勘探与试掘，基本确定了昆明池的池岸线所在，确定昆明池的进水口位于昆明池西南的石匣口村西侧，此外在昆明池南侧、东侧发现并确定汉唐漕渠。

2018～2019年对沣西新城东马坊遗址开展考古勘探与发掘，初步判断其为项羽所封雍王章邯之都废丘，到汉代为上林苑内建筑，遗址2019年列入全国重点文物保护单位。

四、小　结

上林苑历经战国秦、秦及汉武帝的大力营建，是我国乃至世界上规模最大的园林建筑，拥有大量宫观、池沼及丰富的动植物资源，拥有礼制建筑、官营手工业、音乐、天文等国家机构。上林苑考古的开展，不仅可以大大填补秦汉园林考古的空白，也是在进一步丰富秦汉考古学相关内容，推进历史时期考古学研究的深入。

目前，虽然上林苑考古工作已经开展多年，但除对阿房宫、昆明池等已有较清晰的认识外，其他文献中记载的大量上林苑内宫观、池沼，多数位置尚难确定，考古工作甚为有限。除建章宫、鼎湖宫、长杨宫、黄山宫等遗址外，多数的上林苑内遗址仅经过踏查，未开展全面勘探，而如文献中明确记载的上林苑垣墙、苑门到现在也尚无任何线索，它们都需要我们今后持续开展工作来填补"空白"。

太平公主的权力观——上官婉儿墓和薛绍墓的考古学比较

李 明

陕西省考古研究院

讲座时间： 2021年10月17日（周日）下午14：30～16：00
讲座地点： 三门峡市实验中学体育馆会议室

  2013年发掘的唐昭容上官氏墓（上官婉儿墓）和2019年发掘的唐驸马都尉薛绍墓，位于同一地点，葬礼的赞助人同为太平公主，两位墓主都与太平公主关系紧密——一位是她的政治伙伴，一位是她的结发丈夫。太平公主在相隔五年安葬这两位高级贵族的时候，心理产生的变化体现在了两座墓葬的等级制度上，这个细节也使我们观察到了"后武则天时代"唐朝政局的微妙变化。

  薛绍的葬礼，处于"后武则天时代"的开端，太平公主刚刚登上政治舞台；上官婉儿的葬礼，是太平公主与李隆基分裂的开端，标志着太平公主政治野心的彻底膨胀。这两座墓葬，都是权力斗争的体现。

  薛绍墓和上官婉儿墓所在的陕西省西咸新区空港新城，古称"洪渎

洪渎原重要唐墓

原"，是陕西省地下文物分布最为密集的区域。作为隔渭河与汉唐长安城相望的高等级墓葬区，自西汉至唐沿用时间长达1100多年，存在各时代帝陵和大量皇亲贵胄、历史名人墓葬。除了上官婉儿墓和薛绍墓之外，"洪渎原"上还埋葬着多位与太平公主有关的人物，如"孝明高皇后"杨氏（武则天生母）、武三思、武攸嗣、唐从心夫妇、万泉县主薛氏、薛崇简夫妇、驸马豆卢建等，甚至还可能有她的第二任驸马武攸暨。特别是已经发掘了的唐从心夫妇和万泉县主薛氏墓，墓葬形制特殊，也可证实葬礼与太平公主有关。这一系列的高等级墓葬，是唐代政治斗争的物质化体现，勾勒出了有趣的历史，也烘托出了特殊时代背景下太平公主的权力观。

一、洪渎原与太平公主有关的考古发现

唐驸马都尉薛绍墓，下葬于神龙二年（706年），是一座斜坡墓道多天井的双室砖券墓，4个天井、6个壁龛、前后明圹砖券墓室，使用石门和石棺床。出土随葬陶俑和陶动物共计170余件。薛绍是太平公主的第一任驸马。

唐代唐从心夫妇墓，下葬于景龙三年（709年），是一座斜坡墓道多天井的双室砖券墓，5个天井、6个壁龛、前后明圹砖券墓室，使用石门和石棺床。出土文物200余件。该墓带有封土和部分墓园建筑，墓葬全长50米，规模大于上官婉儿墓和薛绍墓。唐从心之子唐晙是太平公主的女婿。

唐驸马都尉薛绍墓出土的石人头　　　　唐代唐从心夫妇墓出土的陶胡人俑

唐昭容上官氏墓（上官婉儿墓），下葬于景云元年（710年），是一座斜坡墓道多天井的单室砖券墓，5个天井、4个壁龛、明圹砖券墓室，使用砖封。出土有墓志和陶俑等文物200余件。上官婉儿墓是太平公主游说唐睿宗所建，她的葬礼由太平公主出资。通过墓葬被毁的考古迹象，结合出土墓志、传世文献，推断出建墓与毁墓的原因和时间，是一个难能可贵的考古学标本。

　　唐万泉县主薛氏墓，下葬于景云元年（710年），是一座斜坡墓道多天井的双室砖券墓，5个天井、4个壁龛、前后明圹砖券墓室，墓道和墓室绘制壁画。薛氏是太平公主与驸马薛绍最幼的女儿。

上官婉儿墓（左）与
薛绍墓的对比

二、太平公主发明的"神龙模式"

　　唐代的高等级墓葬制度——长斜坡墓道多天井和小龛的单室墓——来源于北朝和隋。唐高宗时期，为了酬奖在李唐建立事业中立下不世之勋的开国功臣，而发明了双室砖券墓。双室砖券墓是唐代发明的特殊墓葬形制，从考古类型学上来说是仅次于帝陵的第一等级唐墓。唐代双室砖券墓目前发现至少27座，最早的墓例是显庆四年（659年）尉迟敬德夫妇墓，最晚的墓例是开元十六年（728年）阿史那怀道夫妇墓。双室砖券墓的使用时间只有大约70年。已发现的此类型的墓葬总数，在数以万计的唐墓中占比不足千分之一。唐玄宗掌权之后的盛唐时代，不再需要这种特殊形制的墓葬，也就是说，当权者不需要利用这种特殊的墓葬形制来表达其政治意图，所以双室砖券墓这种高等级墓葬形式消失了。

　　双室砖券墓在神龙二年（706年）至先天二年（713年）之间集中出现，共15个墓例，占全部已发现的双室砖券墓总数的56%；其延续时间只有7年，占双室砖券墓流行时间（约70年）的10%。我称这种现象为唐代双室砖券墓的"神龙模式"。"神龙模式"的特征是：下帝陵一等的前后双墓室；起到的作用是树立政治正统性；延续时间是唐中宗朝、唐睿宗朝至唐玄宗朝初期（706～712年）。"神龙模式"的第一座墓葬就是薛绍墓，它的发明者是太平公主。

　　"神龙模式"的适用对象：①武周朝、中宗朝冤魂；②后武则天时代当权者的直系血亲、姻亲。对这样的对象进行超乎规格的礼葬，要么是为了表达对前朝错误的拨乱反正，要么是为了树立葬礼制作者的正统形象，总之都是出于政治目的。

　　上官婉儿墓不是"神龙模式"墓葬，她身份虽然很高，但不符神龙模式的适用标准——她死于唐中宗之后，也不是唐睿宗或太平公主的直系

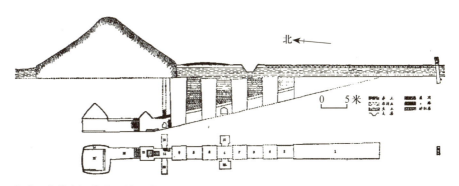

唐尉迟敬德夫妇墓平、剖面图

唐窦孝谌夫妇墓壁画

亲属。上官婉儿是按照正二品朝臣的标准礼葬的。"神龙模式"墓葬，是唐代高等级墓葬的特殊版本，超越了当时大臣普遍的墓葬规格。即便少算一个墓室，正三品的薛绍墓也完全超越了正二品的上官婉儿墓。更何况薛绍墓还有低配版"神龙模式"墓葬都有的石门和石棺床，这些都是上官婉儿墓不具备的。

"神龙模式"的终局，在先天二年（713年）太平公主安葬第二任驸马武攸暨和李隆基安葬他的外祖父母窦孝谌夫妇。窦孝谌夫妇墓已发掘，是洪渎原规模最大的唐代墓葬，全长超过70米，有高大的封土，采用石门和石椁，随葬唐三彩器物，这是"神龙模式"的终极表现形式。同年，太平公主政变失败被赐死，武攸暨墓被毁，李隆基彻底掌握最高权力，"神龙模式"作为政治斗争的手段不再被需要。

三、太平公主的权力观

神龙元年（705年）正月，张柬之等发动"神龙政变"逼武则天退位，拥立太子李显即位，李唐复辟。神龙元年十一月，前大周朝皇帝武曌崩于洛阳，结束了长达22年（甚至更长）的"女主当政"时代。这时李唐刚刚反正，由于之前受压制，唐中宗和唐睿宗都很暗弱，留下了巨大的权力缝隙，李唐宗室、武氏家族、女性当政者等各政治集团蠢蠢欲动，都试图掌握最高权力。这种纷乱的暗流直到唐玄宗即位稳定政局之后才宣告结束。武则天退位至玄宗初期的这段时间可称为"后武则天时代"（705～713年）。

讲座现场

　　武则天在世时，太平公主只是她的附庸，丝毫没有插手政治的机会。后武则天时代，太平公主立即走上政治前台，开始了一系列谋求最高权力的操作。武则天曾说太平公主"类我"，而太平公主只是学会了武则天玩弄权柄的皮毛而已。

　　从历史记载来看，太平公主的主要政治手段是延揽人才为己所用，如当时最为著名的文士崔融、崔湜、卢藏用、张说等，都曾为她所用，甚至达到睿宗朝"宰相七人，五出主门"的程度，基本通过拉拢文官把持了一半朝政。对已故的上官昭容采取的系列行动，就很能说明太平公主的政治手段：景云元年（710年）为死于唐隆政变的上官婉儿建墓礼葬、遣使吊祭、赠赙丰厚；景云二年（711年）为上官婉儿追谥"惠文"（唐代妇女有谥号的屈指可数）；上表请求编纂《上官昭容集》，延请张说作序。上官婉儿死于李隆基之手，为上官婉儿平反并大加褒扬，针对的对象是谁一目了然。

利用亲属的葬礼开展政治活动，是太平公主唯一留下实物痕迹的政治操作。这一系列的操作都是在为登上权力顶峰做准备。

太平公主对权力的追逐最终没能成功。其中的一个原因是，当时的政治环境对女主当政有阴影，太平公主用权谋攫取政治权力的操作与武则天当年的行为高度相似。她的党羽大多数是政治投机分子，为了眼前利益可以不惜一切代价，所以不能被主流政治势力接受。如崔湜，曾三次拜相，第一次、第二次的引荐人分别是上官婉儿和太平公主，在唐玄宗任他为宰相之后，看穿了他只是谋求个人利益而并无辅佐皇帝建立功业的本质之后，果断放弃了他。另一个原因是，她的对手李隆基无论从身份正统性上，还是掌握禁军的政治手段上都更为合理。

我们都知道的结果是，李隆基扮演了终结者的角色。在亲手终结了后武则天时代之后，同时也终结了女性参与政治的现象，李隆基借着唐太宗、唐高宗和武则天时代积攒下来的资本，终于开启了中国古代历史上最为辉煌的时代——开元盛世。

宋代考古发现与清明上河图研究

杭 侃

北京大学考古文博学院 云冈研究院

讲座时间： 2021年10月18日（周一）上午9：30～11：00

讲座地点： 三门峡市湖滨区文化和旅游局会议室

　　宋元时期的传世图像资料很多，是我们研究当时社会面貌非常重要的参考资料。如故宫博物院收藏的北宋张择端的《清明上河图》，画出了北宋汴梁的市井生活图像。王希孟《千里江山图》，画出了北宋村镇景象。《水碓图》《盘车图》画出宋代生产、交通工具的图像。许多南宋小品画，也都从不同侧面画出许多民俗生活画面。而且，这些图像是日常生活的反映，和墓葬里面所表现的内容还有所不同，我们知道虽然中国人讲究"事死如事生"，但是墓葬里面用的东西，往往和现实生活中还是有距离的，比如我们现在在丧葬店里看到的衣服，就和活人穿的是不一样的，这个要具体问题具体分析。但是，在以前的考古学中没有这么丰富的关于现实生活的图像资料，到了宋元时期丰富起来了，所以，我们对于这些图像资料要重视。《清明上河图》是北宋市井风俗画的代表作，张择端《清明上河图》和孟元老的《东京梦华录》，珠联璧合，成为我们研究东京开封城和宋代市民生活的最形象化的资料。

　　盛唐隆宋。作为两个辉煌的时代，唐和宋都留在了我们后人深刻的记忆里，海外的唐人街，近些年悄然兴起的唐装，似乎都在提醒我们唐朝对后代的影响。事实上唐宋之际中国社会发生了重大的变革，传统文化影响到我们今天的方方面面，有许多都是宋朝开始的，大翻译家严复就说过，中国之所以成为现在这个样子，是好是坏姑且不论，但是这种状况十之八九是宋人所造就的，是毋庸多说的事实。所以，史学界有所谓的"唐宋变革说"，而这种变革，亦体现在集中反映宋代社会风情的《清明上河图》里。

　　宋代社会所发生的变革，在经济领域里最重要的表现莫过于经济重心的南移。张择端在《清明上河图》中不惜用三分之一篇幅和大量笔墨来精心描绘汴河的航运，这是因为汴河在北宋被称为"建国之本"，是北宋王朝的生命线，维系北宋王朝统治的众多物资都仰给江南，经济重心的南移在安史之乱之后就不断加剧，当时就有"取尽脂膏是此河"之说，但是，从根本上说，这个过程的完成是在两宋时期。江南地区的许多城市，都是在两宋时期增设或者扩建的，就是这种转变的一个具体反映。

首先，我们来讲一下开封城和汴河。

开封附近一马平川，被称为"四战之地"，军事上无险可依，防御上的不足显而易见，秦观就比较过洛阳、长安和开封之间的优劣，指出建都洛阳、长安，有天然的地理屏障可以凭依，但是，要是"以兵为险"的话，就只能建都开封，而这恰恰是赵匡胤一直不想把都城确定在汴梁的原因。开宝九年（976年），这已经是北宋建立之后的第十七个年头了，赵匡胤出巡洛阳，想留下不走，大臣们谁也不敢再劝他，结果只能是他的弟弟，后来继承了皇位的晋王赵匡义出面进谏。赵匡胤说自己想迁都无非是想凭山河之险，而晋王则说"在德不在险"。这场争论最终还是以赵匡胤听从大家的意见而结束，不过，赵匡胤也说了一句带有谶语意味的话，他说，如果定都开封，那么"不出百年，天下民力殚矣！"从960年北宋建立，到1127年北宋灭亡，也就百余年的时间，繁华变为丘墟。而沧桑巨变的原因之一，也就是宋太祖一直担心的"冗兵"所造成的。宋朝有"三冗"："冗兵""冗官""冗费"，由此带来的一系列的社会问题，引发了以范仲淹等人为首的"庆历新政"，和以王安石等人为首的变法，并因为对改革措施政见的不同，导致了北宋愈演愈烈的党争，成为北宋灭亡的一大原因。

但是，开封作为都城，又有着在当时无可替代的优势。五代中的梁、晋、汉、周都以开封为都城，不是没有道理的。从军事角度讲，北宋立国于五代之后，北方经过长期的战争破坏，许多地方已经是满目疮痍，全国的经济重心南移。赵宋的北方和西北，有大辽和西夏虎视眈眈，为了能有效地抗击辽和西夏的威胁，必须建都北方。而辽、夏的威胁不除，养兵的政策又不能变，京都的士庶、北境的重兵必须有充足的后勤保障，这种保障只能来自于南方，只能仰给于漕运。

从交通的便利，漕运的顺畅来说，北宋只能定都开封。开封地理位置适中，"自古东西路，舟车此地分"，在北宋的时候，这里水道遍布，是"水陆要冲，运路咽喉"，有前代开凿的汴河可以利用。

汴河的前身是隋朝开凿的通济渠，通济渠的开凿过程中，劳动者付出了沉重的代价，而通济渠的作用还没有得到充分发挥，隋朝便灭亡了。通济渠在唐朝以后称汴河。汴河的重要作用，在唐王朝才发挥出来。唐人皮日休在《汴河怀古》一诗中就说："尽道隋亡为此河，至今千里赖通波，

《清明上河图》中的漕运景象

若无水殿龙舟事，共禹论功不较多。"尤其是在安史之乱以后，河北藩镇割据，维持唐王朝的物资供应必须依赖东南，"赋取所资，漕运所出，军国大计，仰于江淮"。所以，唐人李敬芳在《汴河直进船》一诗中对汴河作了这样客观的评价："汴水通淮利最多，生人为害亦相和，东南四十三州地，取尽脂膏是此河。"从唐朝后期开始，说汴河已经成了唐王朝的生命线，一点也不为过，这真是前人种树后人乘凉。

宋朝的水运成本只是陆运成本的四分之一，所以宋朝大宗货物的运输主要是依靠水路。北宋政府为满足开封的庞大需求，建立了以开封为中心的水路交通网。立国之初，就先后疏浚和开凿了连接济水与山东的广济河、连接西南地区的蔡河，以及连接东南地区的汴河和江南运河，贯通了黄河、淮河、长江诸水系，将江南各地的财富源源不断运到开封。宋朝的一个有名的大臣张泊说，天下一半的财富物资，都是通过这条路源源不断运往东京的。苏轼的恩师张方平更是把汴河提到了"建国之本"的高度。据《宋史·食货·漕运》所载，从开宝（968～976年）初到景德四年（1007年），江淮米年运额从数十万石增至六百万石。到大中祥符（1008～1016年）初，更增至七百万石，以后大体维持在六百万石上下，而这庞大的漕运量，大部分都是通过汴河完成的。

但是，汴河是一条人工运河。北宋汴河因为与黄河相交接，而黄河又以暴涨暴落、含沙量特大著称，这使汴河建设面临一系列十分复杂的技术问题。汴河牵动黄河三分之一的流量，但是，黄河在冬季进入枯水季节，水少断流，或者水浅结冰，就无法保证汴河用水。再者，汴河引用黄河水，泥沙沉积严重，河床日益增高，每年冬季的枯水断流之时，都要趁机进行清淤，以保证来年通航。另外，黄河入冬之后流冰较多，冰凌进入汴

《清明上河图》中的宋代商船

河，对河堤及船只威胁很大。由于有了这些问题，每年冬季都要关闭汴河口，漕运船只要等到来年的清明才能逆流而上。每当漕运开始，"汴渠春望漕舟数十里"，形势非常壮观。这也是为什么许多学者认为《清明上河图》描绘的是清明时节漕船初上时的景象的原因。

北宋政府为了把大量粮食，从江南经运河运往开封，于是大量建造漕船，这些漕船按照一定数量组成一个编队，称之为纲。有一种"形制圆短"的漕船，载重量达1万石（500吨）以上，《清明上河图》中就描绘有这样的船。宋朝的造船业很发达，凡是水路便利和盛产木材的地方，政府都会设置官方造船工场。官方造船数目十分可观。如在公元997年，官方造船便达三千多艘。

宋朝的造船业不但规模大，而且技术高。唐朝的海外贸易虽然已经取得很大的发展，但是当时的远洋航行却几乎被阿拉伯商船垄断。宋人克服了种种技术障碍，才使中国商船活跃于东亚和东南亚海域。图中的货船，在桅杆下使用了转轴，能调整帆的角度，以迎合风向的变化，最大限度地利用风力。而当时外国的船只在使用固定的船桅。船尾使用了平衡舵，将部分舵面，分布在舵柱的前方，以缩短舵压力中心与舵轴的距离，操作起来更加轻便灵活。西方要到19世纪才见到使用平衡舵的资料。船身有成排的钉帽显露在外面，说明造船时使用了"钉接榫合"的技术，当时外国的船只只是用皮条、绳索捆绑而已。

北宋王朝为了维护好汴河这条生命线，采取了许多措施。其中一项措施，在《清明上河图》里可以看得出来，那就是种植柳树。沿堤种植榆柳是固护堤防的一种有效办法，榆柳生长迅速，成材后干粗根深，可以稳固

《清明上河图》中汴河沿岸的行道树

堤岸与土基。榆柳还可以改善沿堤绿化，树干和枝梢都可以用作护堤堵口的材料，所以汴河沿岸的榆柳，早在隋代开凿大运河的时候就已经普遍种植，到了宋代，更是作为一项经常性的措施，常抓不懈。早在开宝五年（972年）的时候，宋太祖就下诏沿黄、汴等各条河道所属州县都要种植榆柳，并且规定了硬性的指标，让沿河家家户户都参与种植榆柳的活动，使汴河及其他各河堤岸榆柳成荫。谢德权在任职领护汴河的时候，一次负责在京城附近种植的树木就有数十万棵之多。所以，熙宁年间，日本僧人成寻乘舟航行自江南运河至汴河时，沿途皆见两岸"杨柳相连"，"榆树成林"，称赞不已（《参天台五台山记》卷3）。

汴河沿线的管理是很严格的。一般的研究者认为，《清明上河图》中的虹桥是东京外城以东七里的那座虹桥。但是很少有人注意到这个七里有什么特别的地方。其实我们通常所说的北宋都城东京，是五代时期最后一个朝代后周的英明君主周世宗建造奠定的基础，北宋只是做了些修补工作。周世宗在建造东京外城的时候，在城外七里建立标识，规定七里之外才允许取土烧窑、营建墓葬和开展草市交易等活动，"七里"实际上成为东京的城乡接合部。所以《清明上河图》中扫墓归来的人群画在了虹桥的右边。北宋王朝也在这里设置了关卡，专门有铁锁拦截过往船只进行检查，称为"下锁"；另外一个关卡在靠近黄河的汴河口，被称为"上锁"。

随着经济重心的南移，社会各阶层的流动自然增多，《东京梦华录》卷三"大内前州桥东街巷"记临汴河大街"街西保康门瓦子，东去沿城皆客店，南方官员、商贾、兵级皆于此安泊"。人员流动就要求人身依附关系相应有所减弱，反映到城市建设中，隋唐时期城市中一堵堵厚厚的坊墙被推倒了，人们不再生活在封闭式的里坊之中，临街开门，就街设店，城市的经济明显活跃起来，传统的"夜禁"被冲破，逐渐出现了繁荣的夜市。有些夜市"直至三更尽，才五更又复开张，甚至'通晓不绝'"。市民

《清明上河图》中的汴河虹桥

作为一个阶层，走向了历史的前台。这个变化，在《清明上河图》里也得到很好的表现。《清明上河图》后半段中鳞次栉比的临街商铺，描绘的就是这种繁忙的商业景象。

《清明上河图》中的"孙家正店"，楼高三层，门前缚扎彩楼欢门。店前人来车往，熙熙攘攘，后院的一角堆满了酒缸。汴京有一百几十个行业，其中尤以酒楼和各种饮食店为盛。《东京梦华录》中提到的一百多家店铺中，酒楼和各种饮食店就占了半数以上，这可真是民以食为天了。那些超豪华的酒店被称为"正店"，汴梁城内共有七十二家"正店"，最著名的莫过于"白矾楼"（后改名为"丰乐楼"）了。宋徽宗宣和年间，"白矾楼"成为五座楼房相互用飞桥栏槛连接，明暗相通的庞大建筑群，高处甚至可以窥视宫城之中。这里经常聚集了上千名食客，花天酒地。所以后来引得宋徽宗也微服私访，在这里和名妓李师师发生了一段风流韵事。

除了"正店"以外，汴京还有多到"不能遍数"，被称为"脚店"的中、小酒楼。这些"脚店"的数量相当惊人。仁宗天圣五年（1027年），由于白矾楼原来的承包商经营不善，仁宗下诏给有关部门，责令他们寻找新的承包商，并开出了相当优惠的条件，如果有哪个人愿意承包白矾楼，政府就指定三千户脚店作为白矾楼的主顾，开封城内脚店的数量之多就可想而知。

《清明上河图》中在虹桥南岸也画了一家"脚店"，门前有彩楼欢门，中间二层楼房突兀而起，临街的那间屋里已是客人满座，觥筹交错。酒楼门前棱形的装饰物上，两面分别写着"十千""脚店"。门两旁写有"天之""美禄"，侧门的横额上写着"稚酒"等字样，许多都是广告语，比如"十千"，李白的《将进酒》里就有。

宋代传统的陆上丝绸之路被辽、金、西夏等国所阻隔，对外贸易只好集中在东南沿海的海路进行。当时跟宋朝通商的海外国家，已经达到了五十多个，总称为"海南诸国"。宋朝的海外贸易为朝廷取得庞大的收益。

《清明上河图》中的脚店和彩楼欢门

北宋的市舶收入每年约五十万贯，南宋的市舶收入更是增加到了约二百万贯。市舶的收入，在南宋初期甚至达到过政府全年财政收入的15%。外贸收益对政府收入有这么大的重要性，在宋朝以前是从未有过的。

宋朝主要进口货物是香药、犀角、象牙、珠宝等物资，其中香药占了相当比例。仅仅是1974年在泉州古港后渚出土的一艘海船上，所装载的乳香、龙涎香、降真香、檀香、沉香等香料就多达四千多斤，所以宋朝的海外贸易又被称为"香药贸易"。香药运用到了社会生活的诸多方面，还出现了专门的著述《香谱》。香料的进口，丰富了我国药物的内容，促进了我国古代医学和保健事业的发展，香药也因此成为茶、盐、矾之外，为政府赢得巨额利润的大宗商品，受到政府的严格控制。

宋朝商业繁荣，城市和城镇不断发展，社会上出现了广泛的市民阶

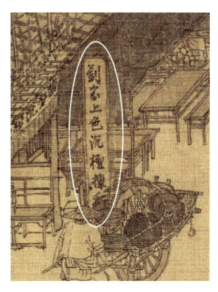

《清明上河图》中的香料店铺招牌

《清明上河图》中的聚众说书场景

层，"士农工商"观念的形成，表明了商人在社会生活中的地位已经得到了普遍的认同。与此相适应，文学艺术也出现了世俗化普及化的趋向。在宋朝城镇的娱乐场所之内，出现了很多切合市民阶层口味的表演艺术，如说书、戏曲等，都反映了宋朝市民阶层的精神需求。在《清明上河图》里，就描绘了这样一个说书的场景。而听说书的人群中，还有僧人和道士。佛教和道教在宋朝日益走向民间，参与了社会生活的诸多方面，但随之而来的是宗教的纯洁性也因此而受到削弱。

市民阶层的兴起带来了市民文化的繁荣。宋朝城市中有专门的娱乐表演场所"瓦舍"，"瓦舍"又称"瓦子"，"勾栏"则是在瓦舍中搭建的剧场。勾栏设有戏台和观众席。戏台高出地面，前半部分是演出场地，后面是演员化妆和休息的地方，中间用屏风阻隔。台前的观众席则以栏杆围起来，以便向入场的观众收费。《东京梦华录》一书记载了开封城里的九处瓦舍，杭州的瓦舍见于文献的更多。一座瓦舍内有数量不等的勾栏，如开封"街南桑家瓦子，近北则中瓦，次里瓦，其中大小勾栏五十余座"，北宋开封的大型勾栏，可容纳数千人，集中了各式各样的表演艺人，为市民增添了诸多乐趣。

宋代社会另外一个重要的变化，是文化的普及和与之相应的耕读传家观念的形成。在《清明上河图》中，在一块有着"久住王员外家"招牌的邸店里，一个来自远方应举的读书人正在邸店中苦读。宋朝大开科举考试之途，士农工商各阶层人士都可以通过科举考试博取功名。

宋太祖立国后，为了避免北宋成为五代之后第六个短命王朝，积极推行"重文轻武"政策，防止军人夺权或割据局面。行伍出身的宋太祖有个很奇特的逻辑，他认为文官纵使犯法，最多也不过是贪污舞弊，为祸远不及谋朝夺位的武人严重。"重文轻武"政策的施行，使得社会上形成了读书求取功名的风尚。在宋朝的蒙学课本《神童诗》中，就有所谓"满朝朱紫贵，尽是读书人""天子重贤豪，文章教尔曹，万般皆下品，唯有读书高"等话语。于是科举应试"群起而趋之"，大家都希望经历十年寒

《清明上河图》中的邸店招牌

《清明上河图》中的纸扎铺

窗而获取终身的荣华富贵。宋朝科举：求之不难，而得之甚乐，两宋三百年间，共取士约十一万人。宋真宗景德三年（1006年），一榜取士达三千多人，创造历史最高纪录。宋朝扩大科举取士，这样就使"一决于文字而已"的科举考试，吸引了大量的参加者。宋朝的科举考试也比较公正，家世和乡贯也不再被重视，因而吸引了占人口大多数的乡户，为他们"崛起于寒微"创造了条件，所以每逢科举考试，东京城里就住满了各地进京赶考的人。欧阳修在《论逐路取人札子》中提倡"王者无外，天下一家，故不问东西南北之人，尽聚诸路贡士，混合为一，而唯才是举"。这种观念影响后代至深，今天我们不论是徜徉于景色秀美，经济发达的江南小镇，还是行走在交通不便，民风淳朴的客家乡村，随处可见"耕读传家"四个字，它在提醒着我们宋朝对后代的影响。这种观念的形成和宋朝文化的普及是分不开的，这个时期发达的造纸和印刷产业，为文化的广泛传播提供了物质基础，宋朝有许多作为商品向社会出售的坊刻本书籍，现存早期的一个坊刻本是南宋初年"杭州猫儿桥河东岸开笺纸马铺钟家印行"的《文选五臣注》，说明纸马铺这种地方还兼营雕版印刷的生意，由此也可见在宋代书籍的流通程度已经很高。

讲座现场

　　纸马铺是宋朝卖明器的店铺,《清明上河图》就描绘有一家"王家纸马"。这家纸马铺门前竖着的牌子上写着"王家纸马"的店招,沿街一个台子上放着纸扎的楼阁。

　　与唐朝人喜欢厚葬不同,宋人更追求现世生活的享受,主张薄葬,官府更明文禁止厚葬。随着薄葬习俗的盛行,宋人多以纸钱、纸明器代替铜钱和各种贵重的实物明器,这些葬俗影响至今。由于市场上对纸钱和纸质明器需求很大，使得专门制作纸质明器的纸马铺成为了一个很赚钱的行业。宋朝有些士大夫认为用纸钱代替真的钱币陪葬，是社会的一种进步，他们的支持和参与，使得薄葬风气更为盛行，这也是宋朝墓葬中的器物远远少于汉墓和唐墓的原因，而使用纸明器的习俗，在民间一直影响至今，这也是唐宋变革的一种表现吧！

全球视野下中国北方农牧交错带的形成——基于榆林地区距今5000～4000年动物考古与最新测年数据

胡松梅

陕西省考古研究院

讲座时间： 2021年10月18日（周一）晚上19：00～20：30

讲座地点： 三门峡市职业技术学院（新校区）4号楼1区113教室

在人类发展的不同历史时期，人类的生产、生活方式不同程度地受到环境和自然条件的影响。环境的变化不仅会导致所在地区自然条件发生改变，同时也会对人类的生产、生活方式产生深刻的影响。

在人类历史的早期，环境和自然条件的影响几乎对人类生产、生活方式起决定性的控制作用，可以说环境和自然条件几乎决定了人类的生活方式。因此，环境和自然条件的变化会促使人们从一种生业模式转向另一种生业模式。

一、榆林地区独特的位置和自然属性

榆林地区位于陕西省最北部，东邻黄河与山西相望，西连宁夏、甘肃，北邻内蒙古，南接陕西省延安市。属于中国北方文化区的农牧交错带，位于西北边的欧亚草原早期青铜文化、东南边的中原地区古代文化之间。中原地区古代文化通过北方文化区影响欧亚草原早期青铜文化，欧亚草原早期青铜文化也通过北方文化区对中原地区古代文化产生影响。

在自然属性上，该地区为农牧交错带中部核心区域，位于黄土高原与毛乌素沙漠、季风与非季风、半湿润与半干旱的过渡带上，属于气候环境和生业变化的敏感地带。当全球或一定地区出现环境波动时，气温、降水等要素的改变首先发生在敏感地带的边缘。这些要素又会引起植被、土壤等发生相应的变化，进而推动整个地区从一种自然属性向另一种自然属性转变。

二、榆林地区距今5000～4000年文化发展序列

近几十年来，随着基本建设的大规模发展和文明探源等研究性课题的深入，陕西省考古研究院和榆林市文物考古勘探工作队联合发掘了30多处新石器时代遗址，初步建立了榆林地区5000～4000年比较完整的文化发展序列。从仰韶晚期（距今5000～4800年）的尖底瓶系统到龙山时代早期（庙地沟二期文化）（距今4800～4300年）的罕系统，再到龙山时代晚期（距今4300～3800年）的鬲系统，每个时期根据陶器的演化可再进一步划分为早、晚两段或早、中、晚三段。每个遗址按照发掘单位全面科学地收集了人骨、动植物资料，为系统研究该地区生业及环境的连续变化提供了第一手原始基础材料。

三、榆林地区距今5000～4000年动物考古与最新 AMS¹⁴C测年数据

通过动物考古学研究发现，在仰韶晚期的横山杨界沙、靖边五庄果墚1期和龙山早期庙底沟二期早段的横山大古界、靖边五庄果墚2期、佳县乔家寨等遗址中，出土的动物骨骼以野生动物蒙古兔、狍子等为主，家养动物主要是与农业经济相关的动物猪和狗，比例一般小于40%，没有可以确认的绵羊、山羊和家养普通牛。不同区域内部动物种类数量存在差异，黄土区的佳县乔家寨遗址猪的数量明显多于黄土沙漠过渡带的同时期其他遗址。生业模式主要为粟黍种植、家猪饲养的农业经济和狩猎采集，时间再向后推移到距今4500～4300年的庙底沟二期晚段的横山贾大峁、红梁遗址及靖边庙梁二期遗址中，发现了一定数量的家养普通牛和绵羊的骨骼。贾大峁遗址家养普通牛和羊仅占动物总数的10%左右，更多地延续了仰韶晚期动物遗存的特点即以家猪和蒙古兔为特征。靖边庙梁二期和横山红梁遗址牛和羊已占动物总数的30%左右。

红梁遗址经过ASM¹⁴C测年，2件黄牛骨骼分别距今4406～4186年、4405～4186年，绵羊距今4407～4237年。靖边庙梁二期经过ASM¹⁴C测年，3件绵羊骨骼分别距今4406～4186年、4401～4183年和4342～4151年。这是目前我国发现最早、数量较多和具有测年数据的一批家养普通牛和绵羊的遗址。从上述动物分析可知，庙底沟二期晚段的横山贾大峁、红梁遗址及靖边庙梁2期畜牧经济的雏形开始形成，当时的生业是以农业、畜牧、狩猎和采集等多种方式的生业模式。

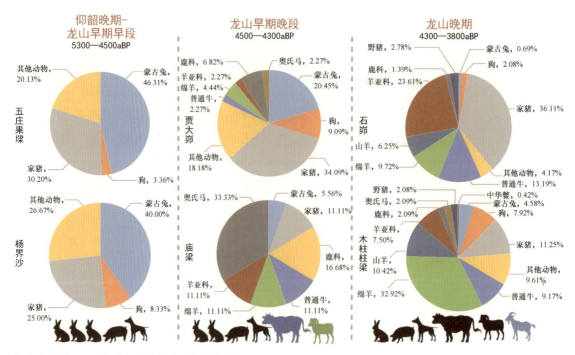

仰韶晚期-龙山早期早段 5300—4500aBP

五庄果墚
- 蒙古兔, 46.31%
- 狗, 3.36%
- 家猪, 30.20%
- 其他动物, 20.13%

杨界沙
- 蒙古兔, 40.00%
- 狗, 8.33%
- 家猪, 25.00%
- 其他动物, 26.67%

龙山早期晚段 4500—4300aBP

贾大峁
- 奥氏马, 2.27%
- 蒙古兔, 20.45%
- 狗, 9.09%
- 家猪, 34.09%
- 其他动物, 18.18%
- 鹿科, 6.82%
- 羊亚科, 2.27%
- 绵羊, 4.44%
- 普通牛, 2.27%

庙梁
- 奥氏马, 33.33%
- 蒙古兔, 5.56%
- 家猪, 11.11%
- 鹿科, 16.68%
- 普通牛, 11.11%
- 绵羊, 11.11%
- 羊亚科, 11.11%

龙山晚期 4300—3800aBP

石峁
- 野猪, 2.78%
- 蒙古兔, 0.69%
- 狗, 2.08%
- 鹿科, 1.39%
- 羊亚科, 23.61%
- 家猪, 36.11%
- 普通牛, 13.19%
- 其他动物, 4.17%
- 绵羊, 9.72%
- 山羊, 6.25%

木柱柱梁
- 野猪, 2.08%
- 奥氏马, 2.09%
- 鹿科, 2.09%
- 羊亚科, 7.50%
- 绵羊, 32.92%
- 山羊, 10.42%
- 中华鳖, 0.42%
- 蒙古兔, 4.58%
- 狗, 7.92%
- 家猪, 11.25%
- 其他动物, 9.61%
- 普通牛, 9.17%

榆林地区新石器时代遗址动物属种及数量的变化

距今4300～3800年龙山时代晚期的石峁文化，在神木石峁、木柱柱梁和榆林火石梁等遗址中，发现的动物骨骼中家畜的数量一般都达到了80%以上，且主要以家养绵羊和山羊、家养普通牛及家猪为主，其中家羊和家养普通牛占到总数量的60%以上。山羊在同时期的内蒙古中南部朱开沟遗址和山西陶寺遗址均没有发现，仅发现在陕北榆林地区的龙山时代晚期遗址中。山羊和绵羊最主要的区别是下颌骨上的第三前乳白齿（dP3）的不同。从龙山时代前期庙底沟二期晚段到龙山时代后期石峁文化，牛羊的比例明显提高，畜牧经济经历了早期的形成、中期的发展和晚期的强盛阶段。陕北榆林地区从庙底沟二期晚段时期距今约4500年开始，先民很好地接受了从西边经过欧亚草原传入的绵羊和家养普通牛，并很快发展成为在当地的生业中占据主导性地位的畜牧经济，对后来这一地区经济、社会和文化产生了深远的影响。

从距今5000～4000年期间榆林地区动物种类及家养动物比例的变化可以看出，生活在此区域的先民肉类"食谱"发生了明显的变化，经历了从仰韶晚期、庙底沟二期早段以野生动物为主到庙底沟二期晚段牛羊开始出现，再到龙山时代晚期以牛、羊等家畜为主的变化。从家养牛羊的测年数据可以佐证中国北方地区牧业经济形成于距今4500年左右，且家养普通牛和绵羊要比山羊早到该地区，这和山羊、绵羊及家养普通牛的食性有

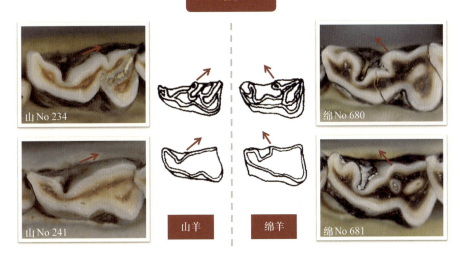

绵羊和山羊dP3的区别

一定的关系。绵羊和黄牛食性接近，基本是草食动物，它们只爱吃青草，山羊的食性更广泛。山羊虽然吃草，但它们更偏爱啃食植物的嫩枝叶。可食用各种植物资源的食性，使得山羊非常易于生存于多石、高山、干旱而多灌木丛的环境中。山羊对各种极端环境的适应力，以及依赖极少的资源便可维持生命的生物特质，也使得人们常依赖它们生存于极端的环境中。

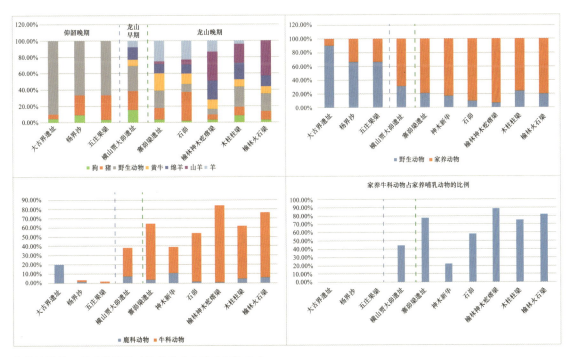

榆林地区新石器时代遗址动物属种及各种比例的变化

新的畜牧业经济绵羊、山羊和家养普通牛的大量出现和饲养，为人类提供肉食的同时，更多地带来了奶、毛和畜力等反复使用的次级产品，同时也为骨料、皮及脂肪等副产品的加工提供了优质材料。世界上最早的石峁口簧是使用大而扁平的牛肋骨加工而成，石峁骨锥和皇城台1.7万枚骨针基本是使用羊的笔直而坚硬的掌、跖骨加工而成，这为石峁文化超大型聚落的快速发展和强大奠定了深厚的物质和经济基础，同时也为人类文明的快速发展奠定了坚实的物质基础。

四、牛羊传播及牧业的形成

最新的全基因组研究表明，绵羊、山羊和家养普通牛都不是最早在我国驯化的，它们的起源和传播路线基本相同。三者都是起源于西亚，距今1万多年前当地的野山羊（*Capra aegagrus*）、野绵羊（*Ovis orientalis*）和野生原牛（*Bos primigenius*）分别被驯化。随着西亚农业经济的快速发展，伴随着人口的大量增加并向世界各地扩散，其中一群人携带牛羊经欧亚草原向东传播，到达蒙古高原地区，然后分叉，一部分沿若水（黑河）向南传播到达河西走廊，一部分继续向东传播到达中国的榆林地区。由于榆林地区的河流大多由西北流向东南部的黄河，随后出现了一个90°的转折，开始由北向南，经南北向的河谷通道向南传播到中原地区。这也许可以帮助我们理解，在距今4500年前后黄河中下游地区同时出现早期绵羊和家养普通牛遗存的现象。从陕北榆林地区发现有确切地层和距今约4500年测年数据的绵羊和家养普通牛来看，该地区的绵羊和家养普通牛出现的时间要略早于河西走廊地区和中原地区。

新的生产要素传播到一个地区是否被当地接受、改造和发展，取决于当地的气候条件如降水、气温、土壤和植被等。陕北榆林地区由于有适合牛羊的胡枝子、草木樨和黄芪等优质豆科植物饲料，先民们很好地先接受了从西边传入的不与人类争吃粮食的食草动物绵羊和家养普通牛，后接受了山羊。

绵羊、山羊和家养普通牛很快发展成为当地生业中占据主导性地位的牧业经济，对后来这一地区经济、社会和文化产生了深远的影响。直到今天，这个地区仍然是半农半牧经济为主，且畜牧业已成为当地的支柱产业。

距今约4500年的庙底沟二期晚段，就存在跨欧亚大陆的东西方文化交流现象，这也是食物全球化的时代。粮食作物上表现在，西亚的小麦、大麦向东首次传入我国的山东沿海，我国北方本土起源的两种作物粟黍经

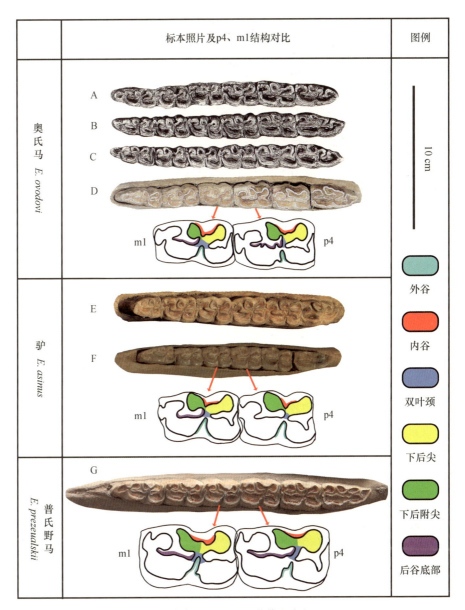

	标本照片及p4、m1结构对比	图例
奥氏马 *E. ovodovi*	A B C D m1 ┄ p4	10 cm 外谷 内谷 双叶颈
驴 *E. asinus*	E F m1 ┄ p4	下后尖 下后附尖
普氏野马 *E. prezewalskii*	G m1 ┄ p4	后谷底部

奥氏马、驴和普氏野马的右下颊齿齿列及p4和m1结构及对比

由北方草原带，西传至中亚、西亚以及欧洲地区，成为当时欧亚大陆上传播栽培最为广泛的农业作物。家畜饲养上表现在，西亚的绵羊、山羊和家养普通牛通过欧亚草原传入中国北方地区。

牧的甲骨文写法为 𤘥，金文写法为 𤘾，表示一个人拿棍子一类的工具正在驱赶一头牛或者羊，本意是放养牲畜，也指放养牲畜的人，如牧人。由此看来，随着牛羊的传入，我国的牧业经济也随之在榆林地区形成。

陕北榆林地区在庙梁遗址和木柱柱梁遗址发现的马骨经DNA检测，

讲座现场

均为奥氏马 Equus ovodovi。奥氏马与驴的关系更接近，和普氏野马的关系较远，也明显小于普氏野马。推测此时奥氏马应为古代先民主要的狩猎对象，现已灭绝并没有被驯化。以前在南西伯利亚 Proskuriakova 洞穴和丹尼索瓦洞穴、黑龙江省肇东市太平乡古河道、黑龙江洪河遗址、宁夏沙塘北塬遗址都有发现。榆林地区奥氏马在陕西省新石器时代遗址属首次发现，它的发现不仅扩大了其地理分布范围，还增加了马科成员的种类，纠正了以往全新世中国野马全部是普氏野马的传统认知。

讲座现场

"五谷丰登"福佑中华——植物考古视野下的华夏文明起源

贾 鑫

南京师范大学环境考古研究院

讲座时间：2021年10月19日（周二）上午10：00~11：30
讲座地点：三门峡市育才中学玉成楼（东楼）五楼多功能室

    植物考古学是考古学的一个门类，主要研究和人相关、被人类利用、影响人类的植物，如谷物和树木。需要说明的是，古人的生态环境也属于植物考古的研究范畴，有时候需要基于生态环境推测古人通过什么样的方式去适应环境、适应生态。

    我国很早就开始了对植物资源的利用，是主要的农业起源地之一。农业起源有"三地起源"、"四地起源"和"六地起源论"，所培植的作物对全世界都有不同程度的影响。中国在新石器时代中期就形成了"南稻北粟"的农业系统，距今4000年前后西亚小麦的传入和明代美洲土豆等作物的传入，促进了人口增长，可能也影响了历史进程、政治经济中心的转移等。

    中国的南北方农业传统不同。北方是以粟黍为主的旱作农业系统，典型的早期遗址有北京东胡林遗址，内蒙古敖汉兴隆洼遗址，河北武安磁山遗址和甘肃秦安大地湾遗址等；南方形成了稻作农业系统，典型的遗址有浙江浦江上山遗址、江西万年仙人洞和吊桶环遗址等。两大农业系统在距今6000年前基本构建起了我国的农业格局。此外，在稻作农业系统的南界以南，可能还存在一个以块根块茎作物为主的农业系统；在粟黍农业的北界以北可能还存在一个利用稗子为主的农业系统。

    植物考古的研究方法大致分为两类：第一类是植物化石，第二类是代用指标。在植物化石中又分为两类：第一类是植物大化石，包括种子和木炭，是我们肉眼所能看到的；第二类是植物微体化石，包括孢粉、植硅体、淀粉粒、植钙体等。目前常用的代用指标包括骨骼的C和N稳定同位素、分子标记物、DNA等。影响人类的碳同位素的植物主要包括C3、C4和CAM三种类型。我们常见的小米、玉米和高粱是C4作物，水稻、小麦和大豆是C3作物。因此，可以通过碳同位素研究农业的发展过程。比如：北方大多数植物均为C3植物，在农业未建立的时候，人骨的碳同位素表现C3信号，北方以粟、黍为主的农业开始出现之后，人骨的碳同位素逐渐向C4信号转变；随着4000年前后麦类作物的传入，碳同位素信号又变为C3信号。这种"C3—C4—C3"的变化反映了人类利用不同植物资源开发农业、农业转型的历史进程。

植物浮选法是植物考古应用最普及的方法。它基于炭化物比水轻这一基本原理，使用水桶或者浮选仪将炭化物浮选出来，再用不同粒径的筛网分离不同的炭化种子。基于不同植物的种子粒径、形态等特征，在实验室进行植物种属鉴定。遗址中常见的种子大致有粟、黍、水稻、小麦和大麦等农作物，以及杂草、瓜果类。此外，植物浮选还获取了大量的木炭，可以根据形态特征鉴定，分析人类对木本植物资源的利用，尤其是在薪柴方面。开展植物浮选出土了大量的炭化植物种子，例如：北京东胡林遗址和陕西鱼化寨遗址的小米和黍子，浙江上山遗址和江苏大同铺遗址的水稻，青海互助金蝉口遗址和丰台卡约遗址的麦类作物，陕西鱼化寨遗址的野大豆，北京丁家洼遗址的大麻，河南贾湖遗址的莲藕和菱角，江西海昏侯墓地的瓜果。此外，还获取了新疆洋海墓地的葡萄藤，内蒙古桦木栅子遗址的竹子等木本遗存。

农业的形成并非一蹴而就，是从古人认识植物、了解植物、理解植物、管理植物、驯化植物的过程中逐渐形成的。第一个阶段农业起源中的孕育阶段，古人开始有意识地将植物种子撒到地里。第二个阶段则是有利性状的出现，这一阶段存在有意识的挑选，也存在无意识的结果。比如植物的不落粒性状，先民在自然环境中能收集到的种子大多是不落粒的，古人会有意识地驯化不落粒性状以保证收获的需求，在播种和采集的过程中进一步强化这种性状。第三个阶段是农业起源的完成阶段，作物驯化后逐步形成了农业社会。此外，大概距今4000年前后，麦类作物进入中国。麦类作物的引入延长了作物的生长季节，促进了食物资源的相对增长。但是，由于中国的粒食传统，小麦在煮熟食用的时候口感不佳，磨面技术发展之后小麦才真正被中国人接受。这种从粟黍向麦类作物的变革直到汉代才最终完成。综上，中国农业的起源大概经历了三个阶段，随着距今4000年前后麦类作物的传入，我国的农业格局逐渐从"南稻北粟"转变为"南稻北麦"。

农业的孕育阶段早在距今10000年前就已经开始。在山西吉县柿子滩遗址的磨盘磨棒上发现的淀粉粒，展现了古人对植物的初步利用。距今10000年前后的北京东胡林遗址也发现了类似的磨盘磨棒，其上发现的粟类淀粉粒尺寸较现代小，可能还处在采集利用的阶段；该遗址虽然浮选出了属于栽培作物的粟粒，但尚未发现其他可以反映农耕生产的遗迹和遗物，说明东胡林遗址古代先民的生业形态仍然处在采集狩猎阶段，并没有进入农耕生产阶段。南方的上山遗址发现了较早的水稻遗存，学者利用水稻扇形鳞片数量来判断野生和驯化水稻，根据植硅体分析和植硅体的^{14}C年代测定，认为上山遗址已经存在水稻。另外水稻基盘的形态也是判断驯化程度的标准之一，主要利用了之前提到的落粒性特征，驯化的水稻基盘能观察到明显的外力撕裂痕迹，但该阶段发现的水稻基盘相对圆滑，野生性状较为明显。综上，在第一阶段古人已经开始了对植物资源的利用，但是，中国本土农业起源的植物还没有完成驯化，植物性生产活动并没有真正融入古人的生产活动中，古人主要还是以采集狩猎为主。

第二个阶段是农业起源的早期发展阶段，发生在新石器时代中期，时间在距今8000～6500年前。位于西辽河流域的兴隆沟遗址发现了炭化的黍和粟。从出土种子类别和数量来看，农作物种子数量在整个植物组合中占比不高。目前认为，小米是从狗尾草驯化而来的，野生到驯化的过程中，种子厚度增大，形状渐趋近球形。在农牧交错带的内蒙古裕民遗址和甘肃大地湾遗址等，均发现了一定数量的小米，考古遗址中小米的出现不再是个例，而是已经普遍出现在该时期发现的考古遗址中。该时期我国北方浮选获取的炭化植物种子，野生植物的比例明显高于农作物。另外，在河南贾湖遗址中，除了农作物种子外，还发现了大量的菱角、莲藕等野生植物。与此几乎同期，我国南方考古遗址出土的植物组合也反映了类似的农业发展阶段。浙江的河姆渡、田螺山遗址中出土了大量的水稻，但是，所有植物性资源中出土概率最高的仍是橡子，反映该阶段的稻作农业尚未成为主要的经济形式，采集经济还占有较大的比重。

第三个阶段是农业的形成阶段，时间在距今6500～5000年前。在西安的半坡遗址发现了用于储存粮食的陶罐，说明出现了粮食的剩余。另一个同时期的鱼化寨遗址，它的发掘为植物考古提供了科学研究农业状况的机会。该遗址炭化农作物种子的出土比例明显增高，说明以小米为主的旱作农业成为经济主体，前一阶段作为生业经济支柱的野生植物变成了补充性食物资源。该时段晚期石峁遗址的内城中，也发现了大量的粮食存储。这一时期中原地区城址集中出现，可能从人口方面也说明了中原地区的农业有了较大的发展，经济水平足以支撑起大体量的城市发展。此外，在我国北方的红山文化遗址，却出现了经济基础和上层建筑不相符的状况。红山文化的相关遗址出土了大量的精美玉器，发现了神庙等丰富的文化遗迹，但农业经济却相较中原地区明显落后，农作物在社会中的地位并不

讲座现场

高。陕北地区的石峁遗址中，也发现了疑似水稻田的遗迹。这一时期农业社会已经形成，但部分地区（如辽西地区）的农业状况目前仍然不清楚。

在我国的南方地区，良渚文化也发现了大量的玉器，最主要的发现是以良渚古城为代表的良渚文化遗址群。在良渚古城遗址群发现了大型的水利设施，在莫角山宫殿区发现了大量的炭化水稻，在良渚古城周边（如茅山、施岙遗址等）还发现了当时的水稻田，都表征着良渚时期已经进入了农业社会。在良渚古城发现的农田系统、水利系统等城市建设工程，根据学者的测算体量十分庞大，工程量大概需要1万人进行7.5年的建设。这样庞大的体量需要与之对应的农业系统提供稳定的食物资源保障，也需要一个复杂完备的社会支撑。这都证明了这一时期的良渚社会可能已经进入了复杂社会的范畴，良渚文化已经进入了文明阶段。

距今4000年前后，起源于西亚的麦类作物逐渐进入我国，时间大致是龙山—夏商周时期。这一阶段的农业发展过程开始围绕三类作物即麦类作物、小米和水稻展开。这一时期地处农牧交错带边缘的西辽河流域，出现了中原农业系统和北方草原系统交织的情况。该时期小米出土的数量特别多，出土概率也很高，说明西辽河地区在距今4000年后进入了农业社会。从黄河上游河西走廊东灰山遗址开展的植物考古工作来看，农作物出土概率几乎是100%，与东北地区的夏家店下层文化相比，农作物品种上多了大麦和小麦。除了新疆通天洞遗址之外，山东地区的小麦于距今4500年前即已出现，其他地区的小麦均晚于距今4000年前。麦类作物传入中国的时间和地点依然是目前植物考古学研究的一个热点问题。

著名考古学家苏秉琦先生将中国分为6个区域：黄河流域上游的甘

讲座现场

青地区，中游的中原地区，下游的海岱地区，长江流域的中游地区和下游地区，以及西辽河流域。六大区域呈现一个满天星斗、遍地开花的状况。从目前的植物考古发现来看，中原地区在距今4000年前已经形成了"五谷丰登"的农业结构，其他5个地区都缺少了部分农作物。在距今4000年之后，我国的文化格局也从之前的"满天星斗"变成了"一枝独秀"的局面，也就是河南二里头文化为主导的时期。这一格局的转变是如何发生呢？

古气候学研究认为，距今4000年前出现了明显的气候恶化。这次气候突变可能是其他区域文化衰落的主要原因之一。河南地区的植物考古研究发现，距今4000年前后的气候恶化可能导致了稻作农业的明显南撤。这种气候突变对农业产生了重要影响，可能通过影响农业发展间接导致了周边地区的文化衰落。西辽河地区由于地处农牧交错带，气候恶化对农业产生了致命的打击；南方地区单一的稻作农业系统也存在风险，气温和降水都可能会造成水稻的减产。但是，中原地区"五谷丰登"的农业格局，极大增强了社会的稳定性，助力了中原地区文化的持续发展。面对气候突变，在其他周边地区文化衰退的过程中，中原地区的"二里头文化"一枝独秀，开始向王朝迈进。

大国重器——大科学装置与考古研究

唐靖宇

中国科学院高能物理研究所

讲座时间： 2021年10月18日（周一）晚上19：00～20：30

讲座地点： 三门峡市职业技术学院（新校区）5号楼1区137教室

一、大国重器——大科学装置

1. 大型科学研究装置是国家科研实力的代表

现代科学研究离不开先进的实验装备，大型科学研究装置（简称"大科学装置"）在其中扮演重要的角色，在国内时常称为大国重器。大科学装置的主要特点有：采用非常先进，有时还是非常复杂的技术；建造和运行的经费规模大，动辄几亿甚至几十亿人民币；设计、建造和运行需要多专业团队合作，有时需要上百人的科学家和工程师团队；建造周期长，从规划到建成通常需要10～20年；服务寿命长，一般大于10年，少数甚至达到50年（包括性能总体升级）。正因为这些特点，真正有国际竞争力的大科学装置只有科技发达的国家或像中国这样科技发展水平高的发展中大国才会拥有。

根据大科学装置的使用和对科研的支撑服务情况，它们可以分为：①专用研究设施，主要服务于某1～2个专业方向，兼顾开展其他研究，如大型粒子对撞机等；②公共实验设施，服务学科广泛的研究和应用，如同步辐射光源、大型中子源等；③公益科技设施，提供基础技术支持，以开展任务型的研究，如遥感飞机等。

2. 大型加速器装置

作为大科学装置的典型代表，大型粒子加速器装置也是最早和最常见的类型。它主要在物质结构的研究方面发挥极为重要的作用，研究构成物质性质的不同层次：分子（最小为0.2纳米）、原子核和基本粒子。它是一种利用电磁场将带电粒子加速到极高能量（速度接近光速）的大型实验装置，最常见的是电子加速器和质子加速器。

早期是针对核物理研究和高能物理研究发展的，现今各种类型和规模的加速器已广泛应用于产业和国民生活中，如放射医疗、各种医用和工业

CT、杀菌保鲜、探矿，等等。现代科学研究用的大型加速器装置极为复杂，规模也越来越大。我国最早在20世纪80年代建造的3台大科学装置均是加速器装置。

本讲座主要介绍的同步辐射光源、自由电子激光和散裂中子源均是基于大型加速器的设施。

3. 我国大科学装置建设的现状和前景

随着我国综合国力的快速提升，国家和地方政府对加大投入基础研究和应用研究的热情高涨，也希望建造更多、更先进的大科学装置。譬如，在大型加速器方面，"十三五"规划期间批准建设的有：北京怀柔的高能光源（HEPS）、上海张江的硬X射线自由电子激光装置（SHINE）、广东惠州的强流重离子加速器（HIAF）和加速器驱动嬗变研究装置（CiADS）、四川锦屏的极深地下极低辐射本底前沿物理研究设施（CJPL），等等。在"十四五"期间，还将有更多的大加速器装置启动建设或升级改造，如：广东东莞的中国散裂中子源升级工程（CSNS-Ⅱ）和安徽合肥的合肥先进光源（HALF）。

在5～10年后，我国大科学装置的数量和总体水平将处在国际最先进水平，与美国和作为整体的欧洲大致相当，这将极大地支持我国的基础科学、应用科学和交叉学科研究，以及高新技术的发展。

二、光子探针与中子探针在考古研究中的应用

1. 科学（家）能够为考古学（家）提供什么帮助

现代考古研究越来越依赖于科技手段的支持，比如：在遗址的寻找和勘探方面，以及在基于科学评估的发掘或保护方案的制订方面；从遗址、遗迹和遗物等考古材料出发，复原和重建古代文明的历史图景，包括社会发展进程、历史事件、气候和资源条件、文明交流互动等方面。就文物考古研究来说，我们关心文物的年代、属性、内部结构、材料组成、材料来源、制作工艺、损坏原因等，比如：

文物制作或掩埋的年代；

该物体是干什么用的？

内部和表面的结构，帮助确定其属性和工艺；

构成的材质，如木材、陶土、金属等；

原材料的原始产地（稀有元素比例和同位素丰度比例示踪）；

金属铸/锻/焊接工艺、切削工艺、上釉工艺等制作工艺；

火烧、人为击碎、环境腐蚀等损坏原因。

现代科学装置和方法有助于回答以上问题，本讲座也主要介绍在大科学装置上开展的文物研究，其中，主要涉及中子探针和光子探针这两个实验方法，它们也都是当今现代科学研究非常广泛和有效的手段。

中子探针和光子探针各具特点，但具有很强的互补性，有时科学家分别在光源和中子源上开展同一个课题的研究。一般说来，中子具备不带电、穿透力强、可鉴别同位素、较之 X 射线（属于光子）对轻元素灵敏、具有磁矩等优点；光子束流在实验精细度、时间响应特性和实验效率上更具优势，且实验方法更为直接。

2. 光子探针

以上提到的光子探针方法需要在先进的加速器光源上开展，利用高能量和高品质的电子束在精确设置的磁场中发射宽谱或特定频率的高强度，甚至是具有高相干性和时间结构的电磁波（光束）。一种最常见的先进光源为同步辐射装置，它基于环形电子加速器，不同规模的同步辐射装置已在国际上普及应用，国际竞争的前沿是建设第 4 代同步辐射光源（或衍射极限光源）。另一种类型的加速器光源是自由电子激光装置，它基于直线型电子加速器，小规模自由电子激光装置已开始在国际上普及，国际竞争的前沿是建设提供硬 X 射线的自由电子激光装置。

两种光源的特性有所不同，如同步辐射具有总光强极高、定向性好（提供微小束斑）、极宽光频范围可供选择、相干性、可同时服务很多用户等特点；而自由电子激光具有可调的单一能量、峰值流强极高但同时服务用户较少等特点。

同步辐射光或自由电子激光可以为大多数学科提供强有力的研究手段，如：材料科学、生命科学、环境科学、物理学、化学、医药学、地质学等基础研究，也为电子工业、医药工业、石油工业、化学工业、生物工程和微细加工工业等发展高新技术提供支持。不同的研究方向和具体研究内容需要采取不同的实验方法，但基本上可以分为三维分子层次的结构、原子排列、电磁特性、快化学反应过程、动态图像、表面和界面物理，等等。目前，高性能自由电子激光在如何应用到文物研究上还存在一个瓶颈，这就是其非常高的峰值功率容易对样品造成不可修复的破坏，需要进一步研讨其应用方法。

显然，以上这些方法也可以借鉴到考古和文化遗产的研究中来，但需要结合考古和文化遗产研究的特点，如：尽量做到无损，很多情况下研究样品尺寸较大，形状结构复杂，材质构成复杂，制作工艺复杂，需要在空气中进行，珍贵，须防丢失等。在已经开展的研究中，典型的文物样品有：陶瓷、金属、纤维物质（纸/织物）、玻璃、生物存留物质、绘画、复杂手工制品等。另外，文物样品本身通常结构、形状和成分构成比较复杂，因此，开展研究的难度更大，国际上也经历了约20年的努力后，才逐渐摸索出利用同步辐射光开展文物研究的方法，但发展潜力巨大。

常见的利用同步辐射光开展文物研究的方法涉及物性、材料来源、工艺的研究，分析方法有：①宏观结构分析，表面结构和内部结构，主要是成像方法；②元素成分分析，通过原子的特征吸收峰来确定样品中不同元素的成分；③分子结构分析，通过X射线散射方法确定分子的结构。

其中，X射线（包括软X射线和硬X射线）是最主要的光束类型，因为它具有穿透能力较强（毫米级）和微束（小至纳米级）的特点。几个典型的X射线研究方法是：①X射线荧光分析（XRF），表面微结构；②X射线吸收谱（XAFS），元素分析（部分微量元素检出）；③X射线成像（Imaging，SRX，X-μCT），内部结构；④X射线衍射和散射（XRD/SAXS），分子层次结构。

3. 中子探针

中子的产生方法较多，但可以开展前面提到的应用且能力强大的，则需要高性能的大型中子源，包括基于加速器的散裂中子源和基于反应堆的中子源。与光子的宽频谱范围一样，中子的广泛应用也需要采用宽广的能区范围，通常将中子能区分为：快中子（>1 MeV）、中能中子（300 eV～1 MeV）、共振中子（10～300 eV）、慢中子（1～10 eV）、超热中子（0.025～0.4 eV）、热中子（～0.025 eV）和冷中子（<0.025 eV）。加速器中子源可以提供以上所有的中子，通常采用加速器提供的强流质子束或氘束打靶产生中子；反应堆是通常的研究性反应堆，基于铀原子核裂变产生的中子，通常可以提供热中子、超热中子和冷中子，以热中子为主。

中子与物质的作用有一个典型特点，是它只与原子核发生作用，而基本上不与核外的电子发生作用。因为不带电，中子的穿透能力较强，且可以开展完全无损的检测，通常也不需要特殊的样品条件准备，包括在空气中开展实验。这一点也特别适合于文物样品的研究。

根据实验方法和目的，中子探针可以分为：样品结构的中子成像（2D或者3D），利用中子与样品物质的总作用；样品中核素成分分析，基于中子与样品中不同核素的核反应过程，核素是元素的不同同位素原子核；样品的分子层次结构解析是基于中子散射方法。下图是显示的X射线成像和中子成像的比较。

4. 国内外利用中子技术开展考古/文化遗产的情况

中子探针的手段多样性，以及在无损检测和应对大尺寸样品方面的优势，目前在文物研究方面已得到了较好的开展，欧洲和日本都在长期系统

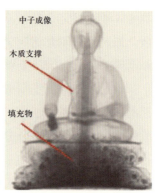

文物本体　　　　　X射线成像　　　　　中子成像

金属外层

木质支撑

填充物

对西藏佛像文物采用 X 射线成像和中子成像的比较

性地开展相关的研究，所开展的文物研究内容丰富，研究工作也得到欧盟或国家层面的重视，并给予系统性的支持，如前些年实施的欧洲 Ancient CHARM 计划。同时，这些国家中子科学研究的基础好，拥有众多的高性能中子源装置。通过这些研究，人们发展了很多先进的实验方法。下页图显示了意大利和日本研究人员合作研究日本古代剑的制作工艺发展历程。在其他国家，相应的研究工作也有零星开展。在国内，基于反应堆的中子活化技术有一定的开展，但还没有形成主流。然而，近些年来国内先进中子源发展得很快，包括散裂中子源和反应堆中子源，使我们有机会大力发展中子探针在文物研究中的应用。

下面介绍几个在文物研究中得到较好发展的中子探针方法。

（1）中子成像技术

中子成像方法具有广泛的应用范围，与 X 射线成像互补。中子成像方法近些年发展得较快，包括中子源技术、探测方法和图像重建方法，其中，可进行中子能量分辨的成像技术尤其得到重视。根据中子能区的划分，中子成像可以分为热中子和冷中子成像（几十meV以下）、快中子成像（百keV以上）和白光中子成像（宽连续能区，meV～百MeV），它们各有优势。在新技术发展方面，白光中子共振成像方法具有很大的吸引力，它基于几乎每个核素都有独特的中子吸收峰结构的特点，通过鉴别中子成像数据中的这些特征峰，可以在进行空间位置分辨的同时，获得样品中核素成分的信息。核素成分信息除了元素成分信息外，还可以提供样品中原材料里相应的同位素丰度信息，而这一点对寻找某些原材料的产地是很有用的。

（2）中子诱发伽马放射性和中子共振吸收方法

中子活化法是目前应用最为广泛的中子实验方法，因其具有操作简单、对某些核素鉴别时效性强等特点。尽管在其他的中子源也可以进行，但通常是利用反应堆中子源（中子强度高）进行实验，通过几小时至几天的中子辐照，使样品活化，即其中的某些核素发生嬗变从而具有放射性。然后用离线仪器精确地测量样品发射的伽马能谱，该能谱结构包含了所有放射性核素的衰变能级（即特征伽马射线）。

新发展的核素成分方法主要有：基于瞬发伽马测量的活化法，它采用在线测量伽马能谱的方法，优势是可以对极短寿命的核素进行测量，核素鉴别范围更宽，但测量难度较大；中子共振吸收方法，利用宽能谱中子与核素作用时在某些能量点有强烈的吸收峰（即特征峰），从而进行核素的鉴别，具体又分为基于中子透射率测量的方法和基于中子俘获发射伽马测量的方法。这几个方法都需要采用脉冲型的加速器中子源。

（3）中子散射方法解析分子结构

利用低能中子（0.025 ～ 10 eV）的中子散射技术在进行物质结构的分子层面（最体现物质物理和化学特性的层面）具有强大的优势，这一

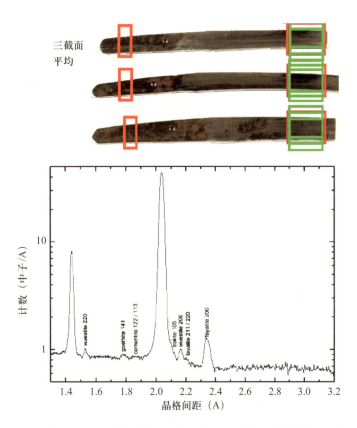

意大利和日本研究人员利用中子散射技术合作研究日本古代剑的制作工艺发展历程

（上图：3把不同时期的剑样品；下图：中子散射谱显示样品的分子结构）

点也可以用来确定文物样品的分子结构，从而帮助寻找与制作工艺有关的信息。常见的用于文物研究的中子散射方法有：中子衍射方法，主要用来研究样品的晶体结构或多晶材料；小角散射和超小角散射方法，主要用来研究多晶或非晶结构的残余应力和纹理，包括骨骼、金属材料、陶瓷和石料。

三、我国大科学装置开展文物研究现状和前景

前面已提到，在我国利用大科学研究装置（主要是先进中子源和先进光源）开展文物研究仍处于初级阶段，只有零星的研究，开展这类研究的人员也很少。下面分别就基于同步辐射光源和先进中子源的文物研究情况作一个简单介绍。

1. 基于同步辐射光源

中国大陆现有3台同步辐射光源，分别是：北京同步辐射装置（BSRF），为第1代兼用光源；合肥光源（HLS），第2代专用光源；上海光源（SSRF），第3代中能光源。3台光源上均开展过文物研究工作，尤其是BSRF和SSRF这两台可以提供X射线的装置。但总体上看，相关研究的数量很少、类型更少，还没有形成系统性，主要涉及的研究工作包括陶瓷釉面成分分析、显微成像等。下图分别显示了上海光源上的实验装置和一个文物实验结果，以及在合肥光源上开展的文物锈蚀实验。

在我国台湾地区，也有2台同步辐射光源——台湾光源（TLS）和台湾光子源（TPS），已较好地开展了文物研究工作。

上海光源显微CT站
用于考古研究

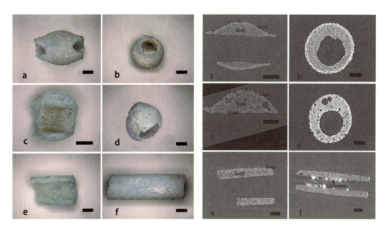

西周时期的费昂斯珠的照片（左）显微结构（右）（杨益民）

2. 基于中子源

目前，我国已建有和运行3台大型中子源，分别是：中国散裂中子源（CSNS，位于广东东莞）、中国绵阳研究堆（CMRR，位于四川绵阳）和中国先进研究堆（CARR，位于北京房山）。这3台大型中子源装置上都在开展文物相关的研究工作，但与同步辐射光源情况类似，研究的数量很少、类型也少，同样还没有形成系统性。两个典型的研究手段是：中子活化法，比如龙泉窑古瓷的微量元素分析；中子成像研究，包括热中子成像和白光中子成像。

3. 基于大科学装置开展文物研究的前景

虽然到目前为止，我国基于大科学装置开展文物研究还处于起步阶段，但发展前景远大。这其中，一方面，有国家高度重视考古和文化遗产研究的因素，因为我国有灿烂的文明史，文物资源极为丰富，传统考古学发达；另一方面，采用先进科技手段也是现代考古和遗产保护研究的发展

在合肥光源上开展的对三星堆铜立人（左和中）表面锈蚀的X射线吸收精细结构谱（XAFS）分析，研究青铜器表面锈蚀产物和锈蚀过程（右）（李功）

中子活化法对南宋—元和明代龙泉窑古瓷胎的元素成分分析

元素	实验值/（μg·g⁻¹）	
	南宋—元	明代
La	50±16	38±17
Sm	8.8±2.6	9.5±3.6
U	6.4±1.8	6.3±1.6
Ce	74±16	70±31
Eu	0.97±0.38	0.72±0.34
Tb	1.25±0.48	1.51±0.59
Yb	4.7±1.0	4.8±1.9
Lu	0.63±0.15	0.66±0.24
Hf	6.7±0.5	6.2±0.9

注：据谢国喜

趋势，并逐渐得到多方重视，国内多个高校和研究院所先后成立相关的实验室。随着我国拥有越来越多的具有国际先进水平的大科学装置，在这些装置上开展人文科学和自然科学的交叉学科研究逐渐得到重视。这里以在CSNS开展的考古相关研究为例作一个展望。

按照打靶束流功率，CSNS是目前国际上第4大散裂中子源，目前阶段，打靶束流功率已达到100 kW（一期工程设计指标），即将开始的升级工程（CSNS-Ⅱ）将提高至500 kW。已投入运行4台中子散射谱仪，7台正在建设，9台将在CSNS-Ⅱ中建设（包括衍射谱仪、小角散射谱仪、超小角散射谱仪）。另外，CSNS上还建有一台高性能白光中子实验装置——

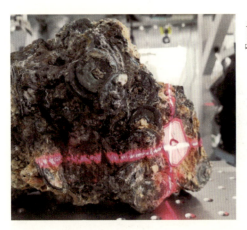 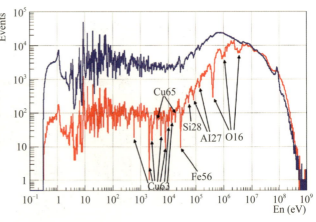

在CSNS反角白光中子源上采用中子透射共振吸收法开展太平洋丝路海洋沉船文物（左）的核素成分分析结果（右）

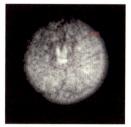

在CSNS反角白光中子源上开展的位于考古套箱内人类牙齿样品成像（透过10厘米土层）

反角白光中子源（简称Back-n），它是世界上流强最高的白光中子束线，非常有利于开展中子技术在文物研究中的应用。

中子科学家与考古专家的合作已经开始，特别是在Back-n装置上。中国科学技术大学科技考古团队加入了Back-n合作，共同促进和开展中子技术在文物研究中的方法探索和应用，几年来已取得了初步的成效。特别是在基于白光中子束流与原子核作用的共振特征峰来进行考古样品的元素和核素成分分析及具有核素识别能力的中子成像技术，包括采用不同的直接中子测量方法和次级伽马测量方法。这些方法都具有无损和高穿透力的特点，将在未来的考古和文化遗产研究方向发挥重大的作用。在CSNS其他谱仪上的相关研究也在部署或进行中。

四、总　　结

大科学装置，特别是先进光源和先进中子源是多学科研究极为重要的实验平台，我国目前已有多台优秀的平台装置，并正在建设更多的国际先

讲座现场

讲座现场

进装置。

　　我国文明历史悠久,文物资源丰富,利用先进的中子探针和光子探针开展考古研究大有前途。

　　在此感谢CSNS Back-n合作组的同事在Back-n设计建造和实验研究方面的长期合作,感谢中国科学技术大学的金正耀教授和范安川博士在文物考古方面的合作。

史前人在彩陶里画出的世界

王仁湘

中国社会科学院考古研究所

讲座时间： 2021年10月18日（周一）下午15：00～16：30

讲座地点： 三门峡市国际文博城四楼多功能厅

科学与艺术，是社会文化发达程度的两个重要标志。科学让物质变化，艺术使精神升华，艺术较之于科学，是更难理解的人类创造。彩陶是艺术加科学的一项创造，陶器制作技巧和彩陶构建的艺术原理传承至今，惠及我们当今的科学与艺术，我们却将它们产生的时代划归野蛮时代，也许是我们的归纳法则有缺憾，抑或是别的什么原因左右了我们的思维。

先人们凭借怎样的智慧制作出来这美妙的艺术品，这样的艺术品又传导着怎样的信息？西安半坡遗址出土的人面鱼纹彩陶，我们现在给出的解释有二十多个，也许其中有一个是正确的，但对于它的论证却真的很不容易。

进行彩陶研究最关键的一点，是全面了解资料，构建好彩陶的时空坐

半坡文化瓮棺葬具人面鱼纹彩陶盆（陕西西安半坡）

标。多数彩陶纹饰不会只在局部区域孤立存在，也不会毫无改变地延续存在千百年，都会在时空分布上产生变化。在一个考古学文化中，彩陶会在这样的时空变化里，逐渐形成一个严密的体系，把握住这个体系的运行脉络，我们也就等于掌握了解读彩陶奥秘的钥匙。如庙底沟文化彩陶就拥有自己的体系，它以自己的方式维系自身的发展，也同时影响到周邻几个考古学文化彩陶的发展。庙底沟文化彩陶引领了史前艺术潮流，它作为成熟的艺术传统也为历史时期艺术的发展奠定了坚实的基础。

在彩陶研究中，我们首先会急于确定一个图案像什么，然后就赋予它包含的种种含义。我们并不了解彩陶匠人当初就一定是要明明白白表现某个客体，他们绘出的一些几何图形更多的是象征而非象形。那时代的画工显然并不以"相像"的象形作为追求的目标，而是以"无象"的象征作为图案的灵魂。又何况更多的复合图案是通过拆解和重组构成，这都不是通过简单直观的象形思路所能获得正解的。彩陶图案的象形与"无象"，都以象征性合式与否为取舍，象形为明喻，"无象"为隐喻。研究彩陶的象征意义远重于研究它的象形意义，当然由象形的研究入手也无可厚非，因为象征的本源取自象形。史前人正是由彩陶形色之中，传导了形色之外的信仰。在彩陶中寻找由象形出发行进至象征的脉络，这是我们解读大量几何形纹饰的必由路径。

中国史前彩陶的风格，在色彩与纹样上，集中体现在红与黑双色显示纹样和二方连续式构图上。绘制彩陶的陶胎一般显色为浅红色，绘彩的显色为黑色，黑红两色对比强烈。有时也会先涂一层白色作地色，黑白两色对比更加鲜明。我们通常读到的彩陶图案，大多是无色的黑白图形，对它们原本的色彩功能，一般是感觉不到的。或者说我们看到的仅仅只是彩陶的构图，而不是彩陶本来的色彩。如庙底沟文化彩陶的色彩，从主色调上看，是黑色，大量见到的是黑彩，与这种主色调相对应的是白地或红色陶胎。陶器自显的红色，成为画工的一种借用色彩，这种借用红色的手法，是一个奇特的创造，它较之主动绘上去的色彩有时会显得更加生动。庙底沟文化中少见红彩直接绘制的纹饰，但却非常巧妙地借用了陶器自带的红色，将它作为一种地色或底色看待，这样的彩陶就是"地纹"彩陶，这是史前一种很重要的彩陶技法。

庙底沟文化彩陶是黑与红、白三色的配合，主色调是红与黑、白与黑的组合。红与白大多数时候都是作为黑色的对比色出现的，是黑色的地色。从现代色彩原理上看，这是两种合理的配合。不论是红与黑还是白与黑，它们的配合明显增强了色彩的对比度，也增强了图案的冲击力。有时画工同时采用黑、白、红三色构图，一般以白色作地，用黑与红二色绘

反转来看的庙底沟文化地纹彩陶（河南陕县庙底沟，上正色，下反色）

纹，图案在强烈的对比中又透出艳丽的风格。彩陶黑与白的色彩组合，很容易让我们想到中国古代绘画艺术中的知白守黑理念。"知白守黑"出自《老子》，所谓"知其白，守其黑，为天下式"。主要以墨色表现的中国画就是这样，未着墨之处也饱含着作者的深意，观者细细品味，一定会有意想不到的收获。同中国画一样，在彩陶上黑是实形，白是虚形，它们相互排斥，又相互依存，相辅相成。可是对观者而言，白是实形，黑是虚形，画工的意象完全是颠倒的。在彩陶上挥洒自如的史前画工，一直就练习着这样一种"知白守黑"的功夫，他们的作品就是地纹彩陶。

从艺术形式上考察，庙底沟文化彩陶的二方连续式构图就是最明显的特征之一。纹饰无休止地连续与循环，表现出一种无始无终的意境，这是庙底沟文化彩陶最基本的艺术原则，这也是中国古代艺术在史前构建的一个坚实基础。二方连续是用重复出现的纹饰单元，在器物表面一周构成一条封闭的纹饰带，它是图案的一种重复构成方式，是在一个纹饰带中使用一个或两个以上相同的基本图形，进行平均而且有规律的排列组合。彩陶上的纹饰，其实是一种适形构图，它是在陶器有限的表面进行装饰，二方连续图案也就往往呈现首尾相接的封闭形式。画工在有限的空间表述一种无限的理念，那二方连续构图就是最好的选择，它循环往复，无穷无尽，无首无尾，无始无终。彩陶图案的二方连续形式是一种没有开始、没有终结、没有边缘的非常严谨的秩序排列，表现出连续中的递进与回旋。

中国彩陶最早的纹样，只见简单的点线及其组合，它们出现在7000年前的前半坡文化时期。到了半坡和庙底沟文化时期，鱼和鸟的象形图案及相关几何形纹饰成为彩陶的流行元素，地纹表现方法与多变的几何图案组合形式构建了彩陶的基本风格。到了马家窑文化时期，旋式连续构图以

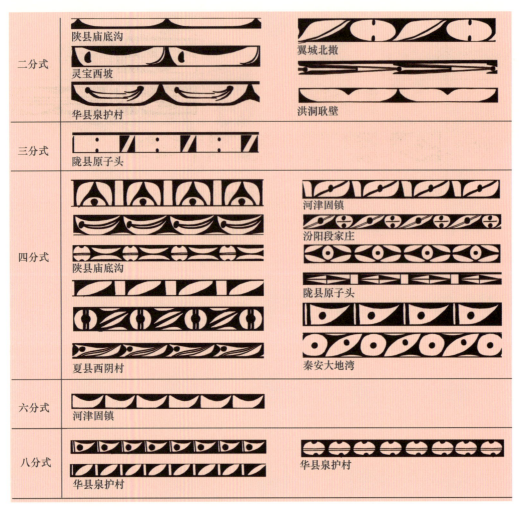

二分式		
	陕县庙底沟	翼城北撖
	灵宝西坡	
	华县泉护村	洪洞耿壁
三分式		
	陇县原子头	
四分式		
		河津固镇
		汾阳段家庄
	陕县庙底沟	
		陇县原子头
	夏县西阴村	秦安大地湾
六分式		
	河津固镇	
八分式		
		华县泉护村
	华县泉护村	

庙底沟文化彩陶二方连续图案的单元布列程式

及由此演化出的四大圆圈纹成为新的主体风格，彩陶经历了由盛而衰的发展过程。

从总量上看，彩陶上的纹饰以几何形居多，象形者极少。象形图案很少，这并不是说这样的图案绘制很困难，其实规范的几何纹饰比起并不严格的象形图案绘制难度一定更大，显然史前人并不是由难易出发进行了这样的选择。看来只有这样一种可能，史前人就是要以一种比较隐晦的方式来表现彩陶主题，不仅仅要采用地纹方式，更要提炼出许多几何形元素，也许他们觉得只有如此才能让彩陶打动自己，打动自己之后再去感动心中的神灵。庙底沟文化彩陶上无鱼形却象征鱼的大量纹饰，应当就是在这样的冲动下创作出来的，它们是无鱼的"鱼符"。无鱼的鱼符，在彩陶上看来有若干种，变化很多，区别很大，是通过纹饰拆解的途径得到的。例如鱼纹全形的演变，在完成由典型鱼纹向简体鱼纹演变的同时，又创造出了

	a	b	c	d	e
陇县原子头				（菱形纹样）	
铜川李家沟		（菱形纹样）		（菱形纹样）	（菱形纹样）
淅川下王冈	（菱形纹样）	（菱形纹样）	（菱形纹样）	（菱形纹样）	
郧县大寺			（菱形纹样）		

各地彩陶菱形纹的比较

均衡对称的菱形纹，菱形纹属于结构严谨的直边形纹饰系统。变形的鱼唇在拆解后，分别生成了西阴纹和花瓣纹，这是庙底沟文化彩陶非常重要的两大弧线形构图系统。鱼纹头部的附加纹饰拆解后，分别提炼出旋纹、圆盘形、双瓣花和加点重圈纹等元素，构成了庙底沟文化点与圆弧形彩陶纹饰的体系，组合出更多的复合纹饰。

这样看来，彩陶上的许多纹饰都能归入鱼纹体系。鱼纹的拆分与重组，是半坡与庙底沟文化彩陶演变的一条主线，这条主线还影响到这两个文化的时空之外。彩陶上有形与失形的鱼纹，在我们眼中完全不同，也许对于史前人而言，它们并没有什么区别，它们具有同一的象征意义，有着

彩陶花瓣纹和西阴纹（均属庙底沟文化，河南三门峡庙底沟出土）

同样大的魅力。作为"百变金刚"的鱼纹，我们已经想象不出它为史前人带来过多少梦想，也想象不出它给史前人带来过多少慰藉。"大象无形"，鱼纹无形，鱼符无鱼，彩陶纹饰的这种变化让我们惊诧。循着艺术发展的规律，许多彩陶纹饰经历了繁简的转换，经历了从有形有象到无形无象的过程。从鱼纹的有形到无形，彩陶走过了一条绚烂的路程。

从半坡和庙底沟文化彩陶鱼纹看，简化到只表现局部特征，明显夸张变形，意存形无，这是简化的又一重要原则，不是一般的抽象，也不是一般的象征，也可以说是更高层面的艺术表现。人类善于制造和使用各类符号，用符号交流思想和认识事物，表达特定的含义，传递丰富的信息。所以有人说，制造和运用符号是人类的基本特征之一，这也是人类文化的重要体现。彩陶上大量的几何纹饰，其实大多都是这样的人造符号，而且不少符号都是由写实的纹饰简化而成。一个符号制作出来的同时，也经历了

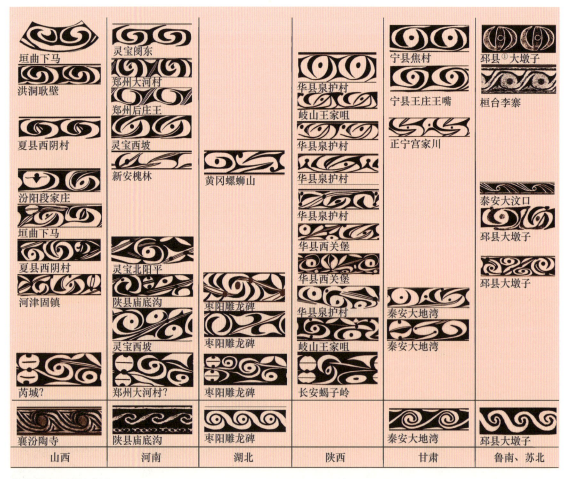

各地彩陶双旋纹比较

① 今江苏省邳州市，后同。

认同的过程，只有认同的符号才有传播信息的功能。当那些最早的模仿因素被历史的选择完全淘汰，它就完成了一个从量变到质变的过程，程式化的符号也就不再是模仿对象的再现，而成为一种逻辑式的抽象表现。彩陶鱼纹的变化，也正是经历了这样的符号化过程，后来虽然还会有鱼的含义，但是它却并没有鱼的形态。彩陶鱼纹几何化以后，变成了若干种符号，它们大多失去了鱼的形体，这种演变本身就具有非常重要的文化意义。

某些彩陶纹饰的传播，而且是大范围的传播，在这样范围的人们一定在纹饰的含义与解释上建立了互动关系，发明者是最早的传播者，受播者又会成为传播者。彩陶原来存在的文化背景，也随着纹饰的传播被带到了新的地方。当某些彩陶纹饰传播到不能生根的地方，则互动关系终止。也就是说，如果不能解释或接受这彩陶纹饰所具有的象征意义，传播也就中止了。彩陶的传播当初也会有"解码"过程，如果这个过程不顺畅，它一定会影响传播的完成。由于文化背景的差异，解码会发生偏差直至失败，传播过程自然便会中止。以彩陶作载体的信仰体系也是一种资源，这个资源取之不尽，无须掠夺，认同即可，传播成为输送这资源的主导形式。

彩陶纹饰由写实演变为几何形之后，构图变得非常简约，含义变得比较隐晦，甚或非常隐晦。史前彩陶中的鱼纹，大体分为三种样式，一种为具象，写实性很强；一种为变形，介于写实与抽象之间；还有一种为抽象，不过是符号而已。半坡与庙底沟文化的彩陶，都有不少的鱼纹。虽然半坡文化的鱼纹风格更接近写实，庙底沟文化鱼纹则更趋于图案化，但这种艺术传统却是一脉相承。半坡与庙底沟居民为何要在彩陶上表现这样多的鱼形呢？

过去有学者将彩陶鱼纹解读为图腾崇拜或生殖崇拜信仰，可能都没有解开真正的谜底。近年关于彩陶鱼纹意义的研究，又有研究者提出了"鱼龙说"，认为"中华龙的母题和原型是鱼"，由仰韶文化彩陶上的鱼纹发展演变而成，认为夏族的来源与鱼族有紧密的联系。这也许可以作为解开鱼纹彩陶象征意义的一个非常重要的新切入点，很有希望得出有价值的结论。

在庙底沟文化之后发展起来的彩陶文化，是西北地区的马家窑文化。西北地区马家窑文化彩陶发现数量之多，在中国乃至世界上都是绝无仅有的。我们甚至可以推想出马家窑人的彩陶艺术，是一种"全民艺术"，当时人们不仅全都推崇彩陶、珍爱彩陶，而且可能很多人都会制作彩陶，很多人都是绘制彩陶的能手。

西北史前彩陶演变的一条主线可以确定是：旋纹圆圈纹组合—折线大圆圈纹组合—四大圆圈纹，这是黄河上游地区前后相续一脉相承的彩陶纹

马家窑文化彩陶壶（青海民和核桃庄）

饰主题元素，也是主要的演变脉络。它的源头确定无疑是庙底沟文化，旋纹与圆圈纹组合正是承自庙底沟文化彩陶已经出现的构图。马家窑文化早期彩陶以圆圈为旋心，圆圈纹之间以多变的旋线连接。最引人关注的是，这种旋线可能是借鉴于鱼纹图形，在某些彩陶上找到了确切的证据。这样看来，马家窑文化彩陶一部分也是可以纳入大鱼纹纹饰系统的。后来作为旋心的圆圈越画越大，旋心饰以圆点、十字及三角等纹饰，旋线也越绘越细。到了晚期，旋纹的圆心变作大圆圈，圆圈中的纹饰变化多样。最终圆圈之间的旋线消失，成为明确的四大圆圈纹。

　　对于甘肃史前彩陶的象征意义，以往许多学者作过阐述，多认为与鸟崇拜有关，有研究者强调了鸟纹和蛙纹的意义，追溯了日月崇拜的原始图景。那么彩陶上旋纹的象征性何在？它既非自然物的摹写，亦非自然现象的描绘，更非一般的抽象图案，它的意义确实非常令人费解。其实在庙底沟文化彩陶上本来就有一种很成熟的旋纹构图，属于地纹表达方式，多为双旋结构。这种双旋纹其实是一种勾连式构图，左右两旋臂呈彼此勾挂式。马家窑文化中更多见到的有圆圈为旋心的旋纹，构图上借鉴了早先庙底沟文化的双旋纹，旋纹一般都直接绘出，很少采用地纹方式表现。关于彩陶旋纹的意义，我们还可以用反推的方法考察。我们知道由旋纹演变而成的四圆圈纹，在圆圈中填绘有各种纹饰，较多见到的是网格纹和十字形纹，这些就可能是太阳的象征，十字形应当是一种明确的太阳符号。更值得注意的是，有时四圆圈纹直接被绘成四个太阳图形，在青海乐都柳湾就有发现。太阳的旋转运行与升降，都由旋纹表现出来了，这一艺术形式表达的动感，是古人对宇宙的一种非常质朴的认识，也是一种非常理

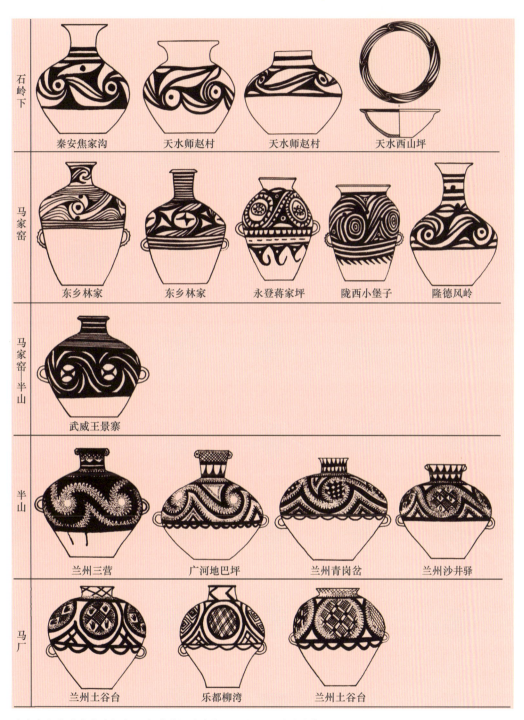

石岭下　秦安焦家沟　天水师赵村　天水师赵村　天水西山坪

马家窑　东乡林家　东乡林家　永登蒋家坪　陇西小堡子　隆德凤岭

马家窑半山　武威王景寨

半山　兰州三营　广河地巴坪　兰州青岗岔　兰州沙井驿

马厂　兰州土谷台　乐都柳湾　兰州土谷台

马家窑文化彩陶由旋纹向四大圆圈纹的演变（依张朋川原图改绘）

讲座现场

性的逻辑归纳。

　　太阳崇拜是一种天体崇拜，天体崇拜在史前时代出现较早，在彩陶上有明确的体现。大河村文化和大汶口文化居民的天体崇拜，也以日月崇拜为主要表现形式，彩陶上绘有明确的太阳图形。河南汝州洪山庙遗址瓮棺上的彩绘纹饰有红日和白月，郑州大河村遗址彩陶上有太阳纹、日晕纹、月牙纹和星座纹，都是当时人们对天体崇拜的证据。庙底沟文化时期的天体崇拜已有了深化，人们崇拜的天体已有了明确的标志物，一些研究者认为彩陶上的鸟纹和蟾蜍纹很可能就是日与月的标志，象征太阳神和月亮神，它是当时天体崇拜的一种方式。而马家窑文化彩陶旋纹的出现，则可以看作是太阳崇拜的一种更艺术的表现方式。到马厂时期彩陶上大量出现的四圆圈纹，是旋纹的一种简略绘制形式，两者的象征意义应当是相同的。

　　彩陶在史前存在与传播的意义，在以往被低估了。彩陶浪潮般播散的结果，在将这种艺术形式与若干艺术主题传播到广大区域的同时，它所携带和包纳的文化传统，也将这广大区域居民的精神聚集到了一起。这个范围内的人们统一了自己的信仰与信仰方式，在同一文化背景下历练提升，为历史时代的大一统局面的出现奠定了深厚的文化基础。彩陶的传播，标志着古代华夏族艺术思维与实践的趋同，也标志着更深刻的文化认同。从这一个意义上看，彩陶艺术浪潮也许正是标志了华夏历史上的一次文化大融合。

　　史前人营造在彩陶上的是精神家园。那一时代许多的文化信息都储存在彩陶上，都通过彩陶传递到远方。这些信息也随着彩陶的重见天日，逐渐显现到我们的眼前。彩陶的魅力，绝不只是表现在它是一门史前创立的

讲座现场

艺术形式，它是随着史前社会为传承那些特别信息的需要而创造出来的，而更重要的是这些信息本身给史前人带来的那些喜怒哀乐。不论是题材的选择还是纹饰的构图，彩陶已经达到非常完美的境界。彩陶的构图法则，彩陶的用色原理，彩陶所建立的艺术体系，对中国古代艺术的发展产生了深远影响。即使是在今天，类似彩陶构图的一些商标图案，装饰图案中的许多元素，可以发现它们最先都可以在彩陶作品里寻找到渊源。不少现代所见的时尚元素，与彩陶对照起来观察，我们会发现它们并没有发生什么根本的改变，艺术传统就是这样一脉相承。

漫谈汉唐时期的丝绸之路

冉万里

西北大学文化遗产学院

讲座时间： 2021年10月19日（周二）上午9：30～11：00
讲座地点： 三门峡市高阳山酒店会议室

丝绸之路是连接亚洲、南亚次大陆、中亚、西亚和近东地区古代社会的道路网络，自公元前2世纪起，沿着这条道路，东西方之间持续不断地进行交流，对当时社会的政治、社会和文化等产生了深远影响。中国拥有的特定物品或原料如丝绸、瓷器、漆器等，向中亚、南亚次大陆、西亚和地中海世界输送，与此同时，来自对方的贵重商品也沿着这条道路运送到中国。与丝绸之路密切相关的汉唐时期考古发现证明，正是由于人类的文明交往、包容、互鉴，带动了不同的生产技术、文化观念、风俗习惯等的交流与融合，为汉唐时期的社会发展提供了良好的外部环境。更证明了文明是在交流互鉴中发展起来的，丝绸之路则是古代文明交往的集中体现，它带动了不同区域之间生产技术、风俗习惯、思想文化等的交流、互鉴与融合，在交流、互鉴、融合中促进了文明的发展。

一、关于丝绸之路

"丝绸之路"一词，是德国学者李希霍芬在其著作《中国》（全书共5卷，1877～1912年）的第1卷中首先提出的。当时，他选择了最能代表中国古代文化的"丝绸"作为这条通商路的名字，其具体时间从公元前2世纪到公元2世纪，具体路线从中国到撒马尔罕，即乌兹别克斯坦撒马尔罕州的州都。由于他提出这一概念之时，亚洲的考古学尚未兴起，受到条件限制，"丝绸之路"的概念不论时间范围还是通商路线都被后来的考古发现证明有一定的局限性。

1910年，德国地理学者赫尔曼在叙利亚巴尔米拉墓葬中发现了中国汉代的丝绸，因此他在《连接中国和叙利亚的古代丝绸之路》一文中，在李希霍芬的基础之上，又提出将"丝绸之路"的终点延伸到今叙利亚的巴尔米拉。

叙利亚巴尔米拉墓葬中
发现的中国汉代丝绸

  从上述两个早期对丝绸之路研究的例子来看，丝绸之路的相关内涵是不断丰富的，是随着新的考古发现不断更新人们对它的认识。目前学术界普遍认为：丝绸之路是连接亚洲、南亚次大陆、中亚、西亚和近东地区古代社会的道路网络，也促进了古代伟大文明的发展。道路代表了世界上最为卓越的长距离的交流网络，其直线距离为7500千米，但沿着特定路线，道路的长度总和却超过了35000千米。同时，从公元前2世纪起，沿着这条道路，东西两地的高价值物品贸易持续不断，政治、社会和文化等因素对贸易以及沿线各社会产生了深远的影响。丝绸之路最初运送原始材料、食物和奢侈物品。一些区域，例如中国拥有的特定物品或原料，向中亚、南亚次大陆、西亚和地中海世界输送丝绸。许多贵重商品由不同商队通过驮畜或舟船长距离运输。

  丝绸之路的线路表现出明显的复杂性与多样性，就目前而言有绿洲、草原和海上丝绸之路。同时，丝绸之路也表现出交流的层次性，主要表现为：国家与国家、国家与地区之间的交往；以商队为核心的商业贸易；以僧侣等为核心的宗教的传播。在产品的交换方面，如丝绸、毛织品、棉布的生产受自然环境制约，在不同地域产生物品的生产和交换，显示了当时不同区域之间的生产分工的初步形成。人们对不同产品特别是奢侈品，与思想礼仪密切相关的产品的需求，也是推动交流和互鉴的动力之一。

同时还应该注意到，"丝绸之路"一词虽然醒目，但也易生误会，丝绸之路不仅是丝绸的交流，而且是东西方之间人群、物质、技术、精神全方位系统性的交流和互动，其核心也是交流和互动。日本学者江上波夫在其《丝绸之路和日本》（《シルクロードと日本》）一文中，将东西方之间交流的主要物品分为八大类：

（1）昆仑产的软玉，伊朗产的土耳其宝石，阿富汗产的青金石、石榴石等美玉类。印度产的玳瑁、象牙，波斯湾和红海产的珊瑚、珍珠等。

（2）中国产的锦、刺绣、绫、罗、绘（五彩的绣花）等丝织品。土耳其、阿富汗、西北印度、波斯产的毛布、绒毯等染织品。

（3）中国产的漆器、白瓷、三彩等。东地中海、伊朗的金银器、琉璃器。

（4）中国汉魏隋唐的铜镜。伊朗、东地中海产的金银细工产品等。

（5）东西方豪华的刀剑、甲胄、马具等。

（6）东西方乐舞用的装束、面具、乐器等。

（7）绘画、雕刻、金工、图书、文具、玩具等工艺美术品。

（8）香料、药物等。

除了物质文化的交流之外，人类文明发展的成果都在"丝绸之路"的大动脉上得以传播和交流：思想文化方面，有儒家思想对东亚世界的影响等。宗教方面，有佛教、祆教、摩尼教、景教等的传播与交流。艺术方面，有佛教造像艺术、绘画艺术等的传播与交流。工艺与技术方面，有桑蚕养殖与缫丝、冶铁、造纸术、印刷术、凿井技术、坎儿井与灌溉系统等。音乐、娱乐、动物等方面，有乐器、音乐舞蹈（如大家熟悉的胡旋舞）、马球运动、珍禽异兽等的传播与交流。唐代阎立本的《职贡图》形象地再现了当时中外文化交流的情形。

唐代阎立本《职贡图》

二、汉代丝绸之路的特征

汉武帝为了联合大月氏人夹击匈奴，派遣张骞带领的外交使团前往西域寻找大月氏，虽然没有达到预期的目的，但却了解到当时中原以西的世界，同时也了解到西域诸国与汉王朝交好的愿望。通过张骞的宣传，大约自汉武帝开始，来自西域的使团源源不断，这可以从甘肃省悬泉置遗址发掘出土的简牍文字得以反映，从简牍文字所记载的对过往宾客的招待情况来看，其费用不少，而且每个驿站相互衔接，一直到宾客至都城长安都是如此。

从考古发现的实物及文献记载来看，当时的使团交往大于商品贸易，汉王朝的精美赏赐品——丝绸、铜镜、漆器等被这些使节带回后，使得西方及西域诸国充分了解了汉王朝的物质文明和面貌，为以后历代商品贸易与外交使团的派遣奠定了基础。从沿海地区发现的波斯釉陶以及银器来看，当时的海上丝绸之路也是发达的。在与葱岭以西诸国的交流中，贵霜帝国起了中介作用。而贵霜帝国时期的建筑、佛教受到希腊化的影响。

为了维系边疆的稳定和丝绸之路的畅通，汉王朝花费了大量的人力和物力。据《晋书·索琳传》记载，西晋愍帝曾经问索琳："汉陵墓中物，何乃多耶？"索琳回答说："天子即位一年而为陵，天下贡赋三分之，一供宗庙，一供宾客，一充山陵。"由此可见，当时贡赋的三分之一供给了所谓的"客"，也即来朝的使节等宾客。所以，汉代物品重要的流通方式就是以朝廷赏赐向外传播的。这种情形历代都有，但在汉代表现得尤其突出。

乌孙、安息、大夏、大宛等通过各种方式了解到汉王朝广大富饶的国土、雄厚的财力物力，并被深深地吸引。张骞通西域之时，带了大量财物，"牛羊以万数，赍金币帛，直数千巨万"，《史记》《汉书》等典籍中多记为西域诸国"贪汉财物"。

考古发现的汉代遗物中，可以确证属于外来输入品者，与此后的历代相比较，其绝对数量较少，种类也不丰富。据文献和简牍文字记载，输入品中的动物主要有马、骆驼等。玻璃器的主要发现有广东广州登峰路横枝岗2061号西汉中期墓出土玻璃碗、广西贵港深钉岭西汉晚期墓出土玻璃碗、河南洛阳东汉墓出土罗马玻璃瓶、广西贵县东汉墓出土的玻璃碗、广西合浦寮尾东汉墓出土的玻璃碗等，这些玻璃器都属于钠钙玻璃，其成分与罗马玻璃器相符，它们应该属于罗马玻璃器，或者产于地中海沿岸。特别是洛阳东汉墓出土的玻璃瓶，属于罗马玻璃器中的绞胎玻璃，由于其色泽又像缟玛瑙一样，而红色缟玛瑙在古罗马十分宝贵，所以，人们在制作玻璃器时，模仿缟玛瑙的色彩层次，制作出了色泽相间的"缟玻璃"。波斯釉陶在广西合浦寮尾东汉墓也有出土。经研究，这件釉陶器的助熔剂是氧化钠，与中国本土烧制的釉陶器的助熔剂是氧化铅不同，其传播路线通过海上丝绸之路的可能性较大，这一时期与东汉王朝对应的西方大国有安息（帕提亚），广西发现的波斯釉陶器，应该是来自安息。此外，在汉代墓葬等遗迹中还发现一些象牙制品。

从考古发现来看，外来的输入品数量不大，种类也不是很丰富。广东、广西等地发现的外来器物，说明这些器物可能是自海上丝绸之路传入的。在一些器物上可以看到外来器物的因素，如云南、山东等地发现的铜或者银质的凸瓣盒，对于这种器物，学术界对其看法虽有不同，但这种凸起的花瓣形装饰，明显是受到外来文化的影响，这一点应该是无疑的。考古发现的遗物反映出汉王朝与波斯帝国、东罗马帝国之间的交流存在着间接或直接的交流。如果将这条路线看作是商业贸易为主的话，那么与之相对应的绿洲丝绸之路，在当时则主要是国家层面的交流，即国家与国家、国家与地区之间的交流和往来，这也与当时的汉王朝的国家战略就是重点经略西域有着密切关系。

广州登峰路横枝岗西汉中期墓出土玻璃碗

广西贵港深钉岭西汉晚期墓出土玻璃碗

洛阳东汉墓出土罗马玻璃瓶

广西贵县出土东汉时期玻璃碗

广西合浦寮尾东汉墓出土玻璃碗

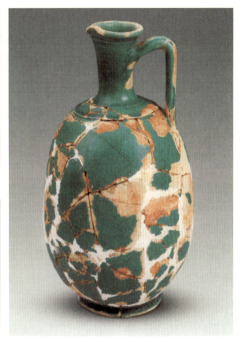

广西合浦寮尾东汉墓出土低温釉陶壶

将考古发现结合文献记载来看，汉代丝绸之路的特点表现为：当时的丝绸之路上既有使节也有商贸，而以前者为主，出现贸易弱于国与国之间往来的情形，其主要是因为后者有汉王朝国家赋税的三分之一作为支撑。与汉王朝友好的西域诸国之间，商品贸易弱于政治关系，反映了汉王朝对西域的经营策略。

悬泉置遗址出土简牍上的文字内容，反映了汉王朝对于宾客的态度："斗六升。二月甲午，以食质子一人，鄯善使者二人，且末使者二人，莎车使者二人，扜阗（于阗）使者二人，皮山使者一人，疎勒（疏勒）使者二人，渠勒使者一人，精绝使者一人，使一人，拘弥使者一人。乙未，食渠勒副使二人；扜阗（于阗）副使二人，贵人三人；拘弥副使一人，贵人一人；莎车副使一人，贵人一人；皮山副使一人，贵人一人；精绝副使一人。乙未以食疎勒（疏勒）副使者一人，贵（人）三人。凡卅四人。"从这段文字大体上可以看出，一个规模并不大的悬泉置（驿站），在两天之内（自甲午至乙未）竟然接待了34位作为使节的宾客。而悬泉置遗址则被人们称为"小驿站，大丝路"，这个遗址中发现的简牍文字生动地阐释了当时绿洲丝绸之路上往来人群及其交流的职能和特点。

汉王朝对西域的经略，不仅保证了边疆的稳定，而且使得丝绸之路变得畅通。其具体的经略方式可以概括为：以西域都护府（西域长史府等）

作为管理机关，以驻军作为边疆的维护者，以丰富多彩的物质文化作为媒介，以使节作为汉文化的传播者，构成了全方位的管理和交流体系。同时，汉王朝最大的目的是经略西域，而不是以商业贸易获取利润为目的。

三、唐代的丝绸之路与文化交流模式

唐王朝对于西域的经略虽然也是出于国家战略的需要，但对外交往中所表现出来的特征，明显不同于汉代丝绸之路。唐代的对外交流中，商业贸易地位明显上升为主体，考古发现的唐代遗存中，出土了大量的外来器物，这些器物不仅数量大，而且种类丰富。如何从琳琅满目、精美的遗物中认识唐代人对待外来文化的态度？如何读出文物背后的丝绸之路上的故事？这里主要以考古发现的遗物进行说明。通过考古发现可知，大量的外来输入品在唐代表现出这样一个过程：输入—模仿—创新—再输出，使得当时的国际生产分工的初步形成，而核心技术与创新则是关键。可以从几类特征明显的器物上分析这些器物传入之后所产生的影响和变化，从而深刻理解唐代丝绸之路与文化交流特点，进而探讨丝绸之路的繁荣对于唐王朝的重要性。

腹部分瓣的碗，是西亚和中亚金银器中因为金属溢出现象，在捶揲过程中不得已而采用的处理办法，同时形成了具有装饰效果的器物造型。而这种腹部分瓣的碗，在陶瓷器中还出现了模仿的器物，但这种模仿对于采用轮制制作陶瓷器并不是一件容易的事情，所以，在考古发现的陶瓷器中，腹部分瓣的碗虽有发现但数量并不多。如果仔细观察和分析，可以看出当时人们对这种腹部分瓣的碗似乎情有独钟，虽然直接模仿的产品较少，但却以三彩的形式进行装饰，同样从视觉上达到了分瓣的效果，并使之成为一种独特的新产品。

胡瓶这种外来器物，学界对其也多有关注，研究成果也较为丰富。它们形制较为突出，可以分为两类，一类是萨珊朝波斯式的，口部有槽形流，腹部呈蛋圆形，圈足为细高的喇叭形，器形整体看起来高瘦；一类为粟特式，口部仍为槽形流，腹部较为圆鼓，圈足较宽大，器形整体看起来较为矮胖。胡瓶不仅在考古发掘中有大量实物出土，而且在当时的绘画、石刻中也可以见到其形象。从时间上而言，在唐代以前就已有输入，如在宁夏固原北周李贤墓中就有出土，在内蒙古赤峰敖汉旗李家营子墓葬、河北宽城大野峪窖藏等也有发现。将其称为胡瓶，强调的是其外来属性，说明它是外来的器物形制。胡瓶传入之后，这种器物形制不仅吸引了人们的眼球，在当时的上层社会被广为接受，这在唐代的贵族和高级官僚墓葬

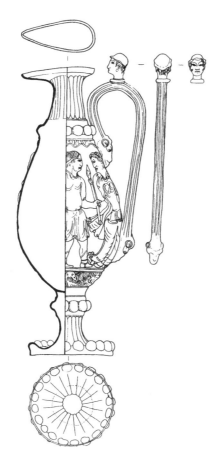

宁夏固原北周李贤墓出土鎏金胡瓶 　　　　唐永泰公主墓石椁线刻中的凤首壶

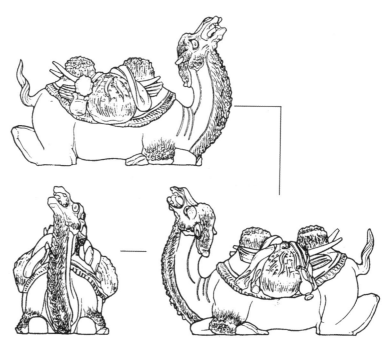

西安南郊长安区郭杜镇唐墓（M31）出土三彩骆驼俑

的石刻及壁画可以得以反映。与此同时，人们借鉴这种器物形制，在其口部加上了凤首，使之与中国传统的文化因素结合起来，从而形成一种新的器形，而这种吸收、借鉴和创造出来的新器形，又为胡商所喜爱，并被作为新的商品而输出，如西安唐墓中出土的一件三彩骆驼俑身上装饰的器物中，就有此类器物。

来通是地中海沿岸、西亚、中亚等地较为流行的饮酒器，其底部有孔。这种器物传入中国后，也同样经历了模仿与改造的过程。著名的西安何家村窖藏出土的牛首玛瑙杯就是一件仿制品，当然，对于这件器物的制作地，学术界尚有不同的看法，有人认为是输入品，有人认为是唐代制作的。但不管怎样，这件器物的出土证明这种造型的器物在唐代已经传入中国，在唐代的三彩器和瓷器中，可以看到很多与西方来通相似的器物，但它们底部无孔，只是一个形似来通的杯，同时又与角杯较为相似。这显然是人们在使用来通的过程中，发现这种饮酒方式与我们的器用习惯不符合，所以，将其底部的孔封堵，使之成为具来通外形而使用方法完全不同的一类器物，属于一种新器形。关于其使用，在日本奈良正仓院收藏的唐琴上以金银平脱工艺装饰的纹饰中，就有持来通形杯饮酒的人物形象。

多曲长杯的输入比较早，在山西大同北魏时期的窖藏中已经发现。这种多曲长杯的影响较大，在唐代出现了大量仿制品，出现了以金银、玉、水晶、玻璃等各种材质制作的多曲长杯。虽然其影响较大，但唐代之时仍然对其造型进行了改变，出现了模仿与改造同时进行的情形，在多曲的基础上制作出了四曲长杯，一度被人们称为海棠形杯。但经过齐东方先生等学者研究，认为其形制来自于多曲长杯，这一研究结果表明，多曲长杯在唐代也被逐渐改造为适合当时器用习惯、审美观的产品。多曲变四曲之

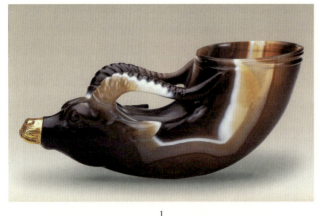 

1　　　　　　　　　　　　　　　　　2

来通及来通形三彩杯
1. 西安何家村窖藏出土牛首玛瑙杯　2. 西安市南郊出土象首三彩来通形杯

日本奈良正仓院所藏唐琴上的金银平脱纹饰

后，其影响巨大，不仅出现了四曲的金银长杯，还出现了大量的陶瓷四曲长杯。

有一个现象值得注意，就是外来货币的输入问题。自北魏至唐代，外来货币的传入是大量的，其中主要为东罗马金币、波斯萨珊朝银币等，但作为国家主权象征的货币形式，秦汉时期已经奠定了基础，以圆形方孔的形式铸造货币。这不仅仅是一种货币形制的问题，其中包含有中国古代人天圆地方的宇宙观念在内，所以，外来货币难以撼动传统的铸币样式。传入中国的外来货币只能充当金银本身、口含、供养品、爱好者收藏等角色。虽然在边疆地区一时充当交换的货币使用，但也仅限于边疆。从丝路沿线发现的大量汉唐货币来看，这些来自中原地区的货币显然充当了交换货币，甚至西域小国还进行仿制以获利。

四、丝绸之路是双向互动的交流

丝绸之路上的交流是双向互动的，一方面西方的贵重物品等源源不断

英国伦敦大英博物馆藏13
世纪马穆鲁克王朝香囊

地被运输到中国，这在前面已经谈到，另一方面中国的丝绸、生丝、瓷器、铜镜、漆器以及造纸术、养蚕技术等也源源不断地被运输到西方，并对西方产生了重要影响。

据杜环《经行记》记载，他在大食国曾看见到"绫绢机杼，金银匠，画匠，汉匠起作画者，京兆人樊淑、刘泚，织络者，河东人乐儇、吕礼"。这说明唐代之时，中国的丝绸纺织工艺、金银制作工艺、绘画艺术等向西传播的一个历史事实，特别是造纸术。

圆形方孔钱是秦汉时期确立的货币的基本形制，这种货币形制对东亚和中亚地区产生了一定影响，如日本铸造的和同开宝钱、粟特和突骑施铸造的圆形方孔钱，都仿自同时代的开元通宝制作而成。

三彩器的烧制是经过长期的技术积累而创造出来的，它与瓷器、丝绸一样，都是唐代非常重要的输出品，而且在唐三彩的影响之下，在西亚产生了波斯三彩，在东亚产生了奈良三彩、新罗三彩等。

香囊是一种有较高技术含量的器物，在汉代已经开始制造，唐代之时更加兴盛。据《西京杂记》卷第一"被中香炉"条记载："卧褥香炉，一名被中香炉。本出房风，其法后绝，至（丁）缓始更为之。为机环转运四周，而炉体常平，可置之被褥，故以为名。"又据《一切经音义》卷七"香囊"条也记载：《考声》云：香袋也。案香囊者，烧香圆器也。巧智机关，转而不倾，令内常平。集训云：有底袋也。"又云：《考声》云：斜口香袋也。案香囊者，烧香器物也。以铜、铁、金银玲珑圆作，内有香囊，机关巧智，虽外纵横圆转而内常平，能使不倾。妃后贵人之所用也。"这说明，唐代的鎏金银香囊是"妃后贵人之所用也"。同时，这里面还有一个故事。据《旧唐书·杨贵妃传》记载，"安史之乱"爆发时，唐玄宗在西逃途中逼迫缢杀杨贵妃，葬之于马嵬驿西道侧。"上皇自蜀还，令中使祭奠，诏令改葬……上皇密令中使改葬于他所。初瘞时以紫褥裹之，肌肤已坏，而香囊仍在。"这里的"香囊仍在"说的就是"银香囊"还保存尚好。圆球形金属香囊不仅从西汉开始生产并延续下来，同时也对外部世界产生了影响，例如13世纪西亚的马穆鲁克王朝时期也仿制出了同类器物。

1世纪时的罗马学者白里内在《博物志》中慨叹罗马的奢靡之风时，将中国的丝绸也列为奢侈品之一。"有识者已深慨奢侈之风，由来渐矣。至于今代，乃见凿山以求碧玉，远赴赛里斯国以取衣料，投红海不测之深以捞珍珠，掘地千丈以求宝玉。心犹未安，以珍珠宝石悬挂颈带冠冕为不足，乃更穿耳悬珠。除非将来凿孔全身，满盛珠宝而后快心。""阿拉伯海财运更为亨通，盖其地供给吾人以珍珠也。据最低之计算，吾国之金钱，每年流入印度、赛里斯及阿拉伯半岛三地者，不下一万万赛斯透司（罗马货币名称）。此即吾国男子及妇女奢侈之酬价也。"白里内的论述主要是针对当时罗马人的奢靡之风，带有批判性质，但从中也可以看出中国的丝绸通过丝绸之路的传播所产生的深刻影响。如果说当时人认为丝绸是奢侈品的话，那么造纸术向西传播的意义则显得非常重大。

众所周知，造纸术在西汉时期发明之后，经过不断地改进，特别是经过东汉蔡伦的改进后，"自是莫不用，天下咸称蔡侯纸也"。造纸术发明近千年之后，至751年，高仙芝率军战败于怛逻斯（今哈萨克斯坦的江布尔），不少人成为俘虏，而这些俘虏中就有能造纸的工匠，是他们将造纸术传播到大食，然后由此传播至西方各地的。李约瑟就曾指出："中国的发明（应该包括造纸术的西传）曾为欧洲的文艺复兴铺平了道路。"

讲座现场

讲座现场

五、结　　语

　　文明是在交流互鉴中发展起来的，丝绸之路则是古代文明交往的集中体现，它带动了不同区域之间生产技术、风俗习惯、思想文化等的交流、互鉴与融合，在交流、互鉴、融合中促进了文明的发展。同时，我们还应该认识到，任何文化的传播，都得与本土文化的价值观、伦理道德观、审美观、器用习惯等相适应，最终才能产生真正的影响。

中国环境考古百年发展历程

莫多闻

北京大学城市与环境学院

讲座时间： 2021年10月18日（周一）下午15：00～16：30

讲座地点： 灵宝市函谷关景区德堂

中国的环境考古同考古学发展相伴，同样走过了百年历程，在考古学兴起和发展的各个历史阶段都发挥了重要作用。回顾中国环境考古的百年发展历史，对于深刻认识中国考古学的发展及未来趋势，都具有重要意义。

一、什么是环境和环境考古

考察中国环境考古研究和环境考古学的发展历史，首先需要明晰什么是环境和什么是环境考古。环境是许多学科研究所涉及的对象，不同学科中的环境的含义有所不同。环境考古中的环境可以定义为："人类自身及其所创造物（除物质的以外，还包括社会制度、精神文化等）之外的所有空间、物质、能量、信息和运动变化过程。"[①]为了研究方便，需要确定环境包括哪些方面内容。考虑到所包括的环境内涵既要全面，又要简单，还要便于同相关自然科学的衔接，可以将环境划分为空间位置、气候、地貌、水文、土壤、生物、地质（构造、岩石、矿物等）、地球内部过程、天文9个方面[②]，这9个方面可以称为9大环境要素。自然灾害是重要的环境过程或事件，但可以理解为上述某一环境要素或某几个环境要素共同作用的特殊过程或事件。如水灾是特殊的水文环境事件、旱灾是特殊的气候事件、地震是特殊的地球内部过程形成的事件。

人类的生存、生产和生活须臾离不开环境，人类及其文化的形成演化与环境存在十分密切的联系。人类活动形成的遗迹遗物也都埋藏于环境之

---

① 莫多闻：《环境考古学的研究进展与思考》，《中国科技考古纵论》，复旦大学出版社，2019年，第45～51页。

② 莫多闻：《环境考古学的研究进展与思考》，《中国科技考古纵论》，复旦大学出版社，2019年，第45～51页。

中，并且受到自然环境持续不断的改造。无论对人类活动遗迹遗物性质的正确认识，还是对人类文化形成与演变动力机制的了解，都必须基于对周围环境特征及其变化的正确认识。因此，无论国内还是国外，环境考古的研究都伴随了考古学兴起和发展的全过程，并且在考古学发展进程中发挥了重要的推动作用。根据国内外环境考古的研究内容、学科特点及其在考古学中的作用，可以定义环境考古为："运用各种古环境重建的方法和技术，在重建古代人类生存环境及其变化的基础上，研究环境与人类活动及其文化之间的关系，揭示古代人类及其文化形成与演化的动力机制。"

国内外较多学者按环境要素来划分环境考古的研究内容或学科方向。如果依据环境考古研究的目标和所解决的考古学问题，可以将环境考古研究划分为五个方面的内容：第一，遗址形成过程的环境考古研究。这方面是正确理解考古学材料、进行科学的考古学研究与阐释的前提。第二，古代环境与文化要素特征及相互关系研究。即分析各种环境要素同人类文化各个方面的相互关系和作用机制，其中包括人类活动对自然环境的影响。第三，遗址或区域的环境考古综合研究。即以遗址或不同尺度的区域为研究对象，以多种环境要素重建为基础，研究遗址或区域环境系统和人类文化系统的相互关系及作用机制。第四，人类文化形成与演变动力机制的环境考古研究。人类文化与环境的共同作用是文化形成与变迁的根本机制。第五，环境考古理论方法及学科体系的构建，与环境考古学研究实践互为基础，互相促进。

二、中国环境考古百年发展历程

虽然中国历史上关于人类活动和环境关系的探讨有许多十分精辟的论述，但作为考古学分支学科的环境考古研究实践和中国环境考古学是伴随着中国考古学的发展而逐渐发展起来的。1921年河南渑池仰韶村遗址的发掘，也包括环境考古研究的内容，因而也作为中国环境考古肇始的标志事件。而此前的19世纪末至20世纪初，也有一些外国学者曾到中国进行考古调查与发掘，其中也包括某些环境考古研究的内容[1]。

考察中国环境考古的发展历史，可以大致以20世纪70年代前后为界，划分为前后两个时期，即20世纪20~60年代的前50年，是中国环境考古研究奠基和初步发展时期。其中20世纪20~30年代是中国环境考古的奠

---

[1] 陈星灿：《中国史前考古学史研究（1895—1949）》，生活·读书·新知三联书店，1997年，第90页。

基时期，该阶段的环境考古工作由考古学家兼地质学家或考古学家与地质学家合作实施，其特点是起点高，理念和方法先进。20世纪40年代则由于战乱等社会原因，考古学研究基本处于停滞状态。20世纪50～60年代，环境考古研究的遗址数量和地域得到大幅度扩展，但研究理念与方法的进步并不十分显著。20世纪70年代至今是环境考古学科建立、研究方法和技术大幅提升、研究成果大幅增加的时期。

（一）中国环境考古研究奠基与初步发展阶段

20世纪20～30年代，是中国环境考古研究的奠基阶段。中国的第一代考古学家和地质学家合作，配合一些重要的考古发掘研究，实施的一些与环境相关的研究与分析，已有很高的水平。1921年担任中国北洋政府农商部矿业顾问的瑞典学者安特生领导了仰韶遗址的发掘，安特生和袁复礼绘制了仰韶遗址不同比例尺的地形图和地貌剖面图[①]。安特生观察到一些崖壁上部还有河流相砾石层分布，故认为仰韶时期的先民居住在平坦开阔的平原上（黄土塬），旁边有和缓的河流，用水远比今天更方便。并认为这些遗址附近的沟壑在史前时期之后有明显扩展[②]。安特生1923～1924年到陕西、甘肃、青海等地进行考古调查，分析讨论了青海湖岸边遗址位置分布同湖面和气候变化的关系、甘肃民勤的沙井遗址的陶器纹饰与当地地名同气候变化的可能关系、西宁朱家寨遗址墓地人骨埋藏状况同地震的可能关系[③]。

1921年，安特生安排师丹斯基发掘北京周口店遗址，发现了2枚人类牙齿化石和35种动物化石[④]。1928年，杨钟健、裴文中开始参与主持周口店遗址的发掘工作。1929年德日进和杨钟健发表了周口店遗址地质和古生物的研究报告，其中有包括88种哺乳动物在内的百余种化石[⑤]。裴文中依据周口店猿人遗址出土的哺乳动物化石确认其年代为中更新世[⑥]。裴文中还

---

① 安志敏：《袁复礼在中国史前考古学上的贡献》，《考古》1998年第7期。

② 陈星灿：《中国史前考古学史研究（1895—1949）》，生活·读书·新知三联书店，1997年，第168页。

③ 陈星灿：《中国史前考古学史研究（1895—1949）》，生活·读书·新知三联书店，1997年，第163页。

④ 陈星灿：《中国史前考古学史研究（1895—1949）》，生活·读书·新知三联书店，1997年，第88页；胡长康：《周口店第一地点哺乳动物化石研究及进展》，《北京猿人遗址综合研究》，科学出版社，1985年。

⑤ 裴文中、布勒：《中国猿人》，《地质论评》1937年第3期。

⑥ 裴文中：The age of Choukoutien fossiliferous deposit-A tentative determination by comparison with other Later Cenozoic (Phychozoic) deposits in China，《中国地质学会志》，1931年。

研究了遗址的地貌特征①，并根据动植物化石来证明当时的气候较现在更温和湿润②。

法国学者德日进和桑志华1922~1924年间发掘和研究了陕西靖边与内蒙古乌审旗交界一带的萨拉乌苏旧石器遗址、宁夏灵武水洞沟旧石器晚期遗址以及鄂尔多斯地区的多处遗址。1928年出版研究报告③。他们绘制了地貌和地层剖面图、地形图，论证了区域地貌演化历史，认为当时以湖泊景观为主，移动的湖泊之间分布沙丘。晚近时期河流下切，形成了6级河流阶地。萨拉乌苏出土丰富的动物化石，鉴定出44个种属，根据动物化石认为萨拉乌苏地区当时的气候比现代湿润得多。还鉴定了出土石制品的岩性。

李济和袁复礼1925~1926年冬春调查了山西南部，1926年10~12月发掘了西阴村遗址，1927年发表发掘报告④。袁复礼负责遗址区发掘前后地形图、地层剖面图的绘制，对石器进行了岩性鉴定。袁复礼还深入研究了西阴遗址所在地及山西南部的地貌特征及其变化历史。在发掘报告中大篇幅发表地貌学研究内容是西阴遗址发掘研究的一大特点。1927年开始的中瑞西北考察，其中袁复礼作为地质兼考古学家，考察中获得了非常丰富的环境考古信息⑤。

1928年开始殷墟遗址的发掘研究，主持者李济确定的研究方案包括：第一，殷商以来小屯村附近地形之变迁及其原因；第二，小屯村地面下文化层堆积状况；第三，殷墟范围；第四，殷商遗物。其中第一是环境，第二和第三都同环境相关。邀请了裴文中等人研究洹河地貌，调查范围西至太行，东至黄河故道，研究其与洹河的关系⑥。李济研究讨论了殷墟遗址沉积特征、遗址的形成和废弃过程同洹河的关系⑦。张蔚然分析讨论了殷墟文化层及自然地层的沉积成因，以及遗址所在区域的地貌类型与成因⑧。德日

---

① 裴文中：A preliminary report on the Late-Palaeolithic cave of Choukoutien-1，《中国地质学会志》1934年第0期。

② 裴文中、布勒：《中国猿人》，《地质论评》1937年第3期。

③ 布勒、步日耶、桑志华、德日进：《中国的旧石器时代（法文，1928年版）》，科学出版社，2013年。

④ 李济：《西阴村史前的遗存》，《三晋考古》（第二辑），山西人民出版社，1996年。

⑤ 安志敏：《袁复礼在中国史前考古学上的贡献》，《考古》1998年第7期。

⑥ 李济：《现代考古学与殷墟发掘》，《安阳发掘报告》第二期，"中研院"历史语言研究所，1992年。

⑦ 李济：《小屯地面下情形分析初步》，《安阳发掘报告》第一期，中研院历史语言研究所，1929年。

⑧ 张蔚然：《殷墟地层研究》，《安阳发掘报告》第二期，"中研院"历史语言研究所，1992年。

进和杨钟健研究了殷墟遗址的哺乳动物，将其划分为本地野生动物、本地家畜和外地交流来的动物等三组，并依据动物面貌讨论了气候、家畜饲养业状况和文化交流过程[①]。杨钟健和刘东生于20世纪40年代后期又鉴定出5种动物，并对出土标本进行了数量统计，区分了捕猎与驯养动物，讨论了动物作为肉食、殉葬、骨器加工等使用方式，认为外地引进的鲸、象、犀牛等主要用于鉴赏。并认为古代动物与现代的种属差别，除环境变化外，也有人类活动的原因[②]。

1930年和1931年先后分别由李济、梁思永带队发掘了山东的龙山遗址。分析讨论了龙山遗址新石器晚期至青铜文化时期遗址周围的地貌特征及其变化。对出土的动物遗存进行了鉴定分析[③]。梁思永1930年发掘了黑龙江齐齐哈尔的昂昂溪遗址，分析了文化层及自然地层的成因，鉴定了出土的动物遗存，讨论了当地环境和生业经济的关系，并请翁文灏鉴定了出土石器的岩性[④]。1933~1934年发掘了北京周口店山顶洞遗址，裴文中详细描述了遗址的地貌特征、地层和各种动物化石，将化石和石器同猿人遗址对比后认为，山顶洞遗址是一处更新世晚期的旧石器晚期遗址[⑤]。1936~1937年，浙江省立西湖博物馆的施昕更发掘了良渚遗址的多个地点，发掘报告介绍了遗址区域的地理环境，绘制了详细的区域地形图和标明文化遗迹分布的地质图，讨论了区域地貌演化历史，介绍了石器的岩性等[⑥]。

20世纪50~60年代，是环境考古初步发展的时期。之前发现的一些重要遗址，又进行了新的发掘和研究，随着考古调查区域的扩大，发掘和研究了一些新的遗址，对环境和人类文化关系的研究有所深入。

1950年贾兰坡先生出版《中国猿人》一书[⑦]，书中介绍了周口店洞穴堆积之地理概况、出土动物化石种类，以及中国猿人时代的气候及其遗址

①　德日进、杨钟健：《安阳殷墟之哺乳动物群》，《中国古生物志》（丙种第十二号第一册），实业部地质调查所、北平研究院地质学研究所，1936年。

②　杨钟健、刘东生：《安阳殷墟之哺乳动物群补遗》，《中国考古学报》1949年第4册。

③　傅斯年、李济、董作宾等：《城子崖（山东历城县龙山镇之黑陶文化遗址）》，《中国考古报告集之一》，中研院历史语言研究所，1934年。

④　梁思永：《昂昂溪史前遗址》，《梁思永考古论文集》，科学出版社，1959年。

⑤　裴文中：A preliminary report on the Late-Palaeolithic cave of Choukoutien-1，《中国地质学会会志》1934年第0期。

⑥　施昕更：《良渚——杭县第二区黑陶文化遗址初步报告》，浙江省教育厅，1938年。

⑦　贾兰坡：《中国猿人》，龙门联合书局，1950年。

附近地形等内容。孙孟蓉和徐仁分别对周口店遗址的沉积样品进行了孢粉分析，发现除周口店遗址下部砾石层的孢粉组合反映比较低温的气候外，猿人时期气候较为温暖，类似现代北京地区的气候[①]。

1951年贾兰坡出版《河套人》一书，对萨拉乌苏遗址的动物化石进行了详细分析，并推测了当时的气候环境[②]。1964年裴文中等发表《萨拉乌苏河系的初步探讨》一文，对遗址区地貌、地层和沉积特征进行了详细的观察研究，绘制有多幅很好的地貌剖面图以及地貌素描图，多幅地层和沉积剖面图[③]。

1951年，贾兰坡整理了1933～1934年发掘山顶洞的资料，出版《山顶洞人》一书，该书绘制有周口店一带的地质图、地形图、遗址区地貌图。讨论了附近河流演化历史及山顶洞人生活的环境。遗址出土脊椎动物54种，还有海蚶和河蚌。动物群面貌反映当时气候比现代稍微温暖。古人以渔猎为生，发现的海蚶壳可能来源于东南沿海。发现的赤铁矿也来自外地[④]。1954年发掘了山西南部的襄汾丁村旧石器遗址。对出土的大批哺乳、鱼类、软体等动物化石进行详细研究，还研究了遗址区域的地貌特征及石制品的原料来源[⑤]。

1954年开始发掘和研究西安半坡遗址。对半坡遗址的动植物遗存进行了详细研究，并且第一次将孢粉分析方法应用于考古遗址研究。动植物遗存和孢粉分析结果都显示当时的气候比现代更温暖湿润[⑥]。侯仁之、俞伟超1963年深入乌兰布和沙漠，将古城遗址的考古学研究、有关历史文献证据和现代自然环境对比分析，揭示了该地区历史时期的沙漠化、水系变化及其对历史聚落变迁的影响[⑦]。

---

① 孙孟蓉：《周口店中国猿人化石层的孢子花粉组合》，《中国第四纪研究》1965年第4期；徐仁：《中国猿人时代的北京气候环境》，《中国第四纪研究》1965年第4期。

② 贾兰坡：《河套人》，龙门联合书局，1951年。

③ 裴文中、李有恒：《萨拉乌苏河系的初步探讨》，《古脊椎动物与古人类》1964年第2期。

④ 贾兰坡：《山顶洞人》，龙门联合书局，1951年。

⑤ 贾兰坡：《山西襄汾县丁村人类化石及旧石器发掘报告》，《科学通报》1955年第1期；裴文中、吴汝康、贾兰坡、周明镇、刘宪亭、王择义：《山西襄汾县丁村旧石器时代遗址发掘报告》，科学出版社，1958年。

⑥ 石兴邦：《西安半坡村新石器时代村落遗址的发掘》，《科学通报》1955年第7期；李有恒、韩德芬：《陕西西安半坡新石器时代遗址中之兽类骨骼》，《古脊椎动物与古人类》1959年第1期；周昆叔：《西安半坡新石器时代遗址的孢粉分析》，《考古》1963年第9期。

⑦ 侯仁之、俞伟超：《乌兰布和沙漠的考古发现和地理环境的变迁》，《考古》1973年第2期。

1964年由中国科学院古脊椎动物与古人类研究所牵头组织相关科研院所和高校等11个单位对陕西蓝田人遗址所在区域进行了多学科的综合研究。除猿人化石和旧石器的研究外，包括蓝田地区的新构造运动、地貌结构与发展历史、新生代地层与沉积环境，生物与环境的研究方面包括哺乳动物、软体动物、介形虫、孢粉等多方面的研究[①]。

20世纪50~60年代，还有广东曲江马坝、河北阳原泥河湾、宁夏灵武水洞沟、云南元谋、贵州黔西观音洞等旧石器遗址，万年大源仙人洞新旧石器过渡时期的洞穴遗址，湖北京山屈家岭、南京北阴阳营、浙江钱山漾遗址等新石器遗址都深入分析研究了动植物遗存，有的还鉴定了石器岩性，一般对遗址区域地貌、地层与沉积等进行了研究分析。吕遵谔等1956年到内蒙古赤峰一带调查发现了一些遗址和较多的动物遗存。亦有学者对动植物遗存同气候关系、不同地区房址建筑形式差别的环境原因、一些遗址的地貌与水系变化等问题进行了讨论。

（二）20世纪70年代以来中国环境考古学的发展

20世纪70年代后期考古学发掘和研究恢复之后，受到国际学科发展趋势的影响，动植物遗存、气候、水文和土地资源条件、石器岩性分析和石料来源研究等自然遗存和古环境研究得到重视。20世纪80年代，苏秉琦、严文明等多位著名考古学家提出环境考古对于发展考古学的重要性。黄其煦撰文介绍了国外环境考古学的主要内容和研究方法[②]。周昆叔在侯仁之先生支持下以环境考古学方法开始在北京地区进行考古遗址和区域的研究。20世纪90年代初俞伟超结合国际学科发展趋势和中国考古学实际提出了中国环境考古学的任务[③]，并将环境考古研究列为河南渑池班村遗址发掘与研究的重要内容。学科概念的提出，大量研究项目的开展和丰硕成果的产出，环境与人类文化关系研究的深化等标志着中国环境考古学科的建立和逐渐成熟。这一时期的环境考古研究，在各个领域都取得非常丰硕的成果。

遗址形成和变化过程的研究，既是正确理解考古学材料的前提，也是环境考古服务考古学研究的重要方面。我国在这方面的研究有很好的传统，李济主持殷墟的发掘研究时就特别重视遗址形成和变化过程的研究。

---

① 中国科学院古脊椎动物与古人类研究所：《陕西蓝田新生界现场会议论文集》，科学出版社，1966年。
② 黄其煦：《农业起源的研究与环境考古学》，《农业考古》1987年第2期。
③ 俞伟超、张爱冰：《考古学新理解论纲》，《中国社会科学》1992年第6期。

之后，考古遗址的地貌变化、考古地层学和沉积特征的研究一直受到重视。20世纪80年代，考古埋藏学的引入，对这方面研究的提升发挥了重要作用。1989年尤玉柱的《史前考古埋藏学概论》出版，系统介绍了这方面的研究内容①。房址、城墙、城壕等建筑遗迹和墓葬等遗迹一般是原地埋藏，工具器物等遗物既有可能原地埋藏，也有可能被人类活动或自然营力搬运后埋藏。流水沉积埋藏的遗址可能较多改变遗物的位置，风成黄土、风沙等风成沉积的埋藏过程可能较少改变遗物的位置。遗址被埋藏后，可能会经历一定自然环境条件下的物理、化学变化，以及人类或生物的扰动。包括侵蚀、搬运等过程为主的地貌和流水过程是改变遗址状况的主要动力过程。很多遗址经历长时间的河流或沟谷流水的侵蚀而导致遗址很多部分的缺失，也有洪水携带大量泥沙将人类活动遗迹快速掩埋而比较完整保存的情况。如河南内黄的三杨庄遗址，就是洪水泥沙将一汉代村落掩埋后基本完整保存至今②。炎热湿润环境下有机质遗物一般难以保存，但在一些低湿地区，常年处在饱水环境中的有机质遗物，即使处在炎热湿润气候条件下也可以很完整地保存。近年来，通过运用越来越多的科学方法，深入揭示遗址形成过程和环境条件对遗迹遗物的影响和改变来正确理解考古材料的研究越来越受到重视。

利用中国考古遗址的各种自然环境遗存，以及许多自然环境的各种沉积记录和代用指标，重建古代动物、植物、气候、地貌、水文、地质、自然灾害事件等自然环境特征及其变化历史，以及天文现象等，探讨自然环境特征及其变化同人类文化特征形成及其演化关系的研究已成为环境考古研究最主要的方向之一。

20世纪70年代以来，对旧石器至历史时期的大量遗址进行动物遗存分析和动物考古学研究，研究了动物群面貌与生态环境、人类狩猎和捕捞技术的进步、动物驯化和家养动物起源、人类肉食获取方式演变、动物在宗教及动物骨骼在骨器制作与应用等许多重要学术问题，研究的遗址涵盖了中国所有地区。在研究领域不断扩展的同时，也表现出研究方法的不断进步。如付罗文等研究了重庆忠县中坝遗址的动物遗存，采用过筛的方法全面收集遗物，对遗址的一个探方收集到200 000以上的骨骼碎片，并对其中近130 000片进行了初步分析，鉴定样品36 977块（占可鉴定标本数的28.5%），识别出哺乳动物26种、鱼类15种、两栖动物2种、爬行动物2

---

① 尤玉柱：《史前考古埋藏学概论》，文物出版社，1989年。

② 刘海旺、朱汝生、宋贵生、乔留旺：《河南内黄县三杨庄汉代庭院遗址》，《考古》2004年第7期。

种、少量鸟类未鉴定。发现了公元前一千纪早期的5块犀牛骨，至少代表3个个体，从某些形状看，它们很可能与爪哇犀牛或印度犀牛类似，表明当时的气候比现代更湿热。动物群面貌反映当时人类获取肉食的主要方式仍是狩猎与捕捞[1]。

植物遗存是古代气候的直接证据，更是研究采集经济、农耕起源及生业经济模式演变的主要方法。20世纪70年代以来，大植物遗存已普遍应用于考古遗址的发掘研究，多种微小或微体植物遗存研究方法也陆续发展起来。孢粉分析已成为重建古代植被面貌和古气候的主要方法。20世纪90年代早期植硅体分析方法被引入考古学研究[2]，不仅成为孢粉分析的重要补充，更成为农作物驯化与生业经济方式研究的重要方法。同时期赵志军将浮选法介绍到中国[3]，成为考古遗址微小植物遗存全面收集的主要方法。淀粉粒方法的应用，促进了对古代人类食用谷物种子和其他含淀粉类食物的种类和相对数量分析[4]。近10多年来，利用考古遗址出土的木材、木炭经过鉴定分析确定木材或木炭的树种，根据树种讨论古代植被特征、气候条件以及古人对于木材的利用方式等，如靳桂云等[5]、王树芝等[6]在山东、甘肃等地的研究工作。

20世纪90年代以来，中国学者对一些考古遗址运用多种方法进行古气候重建，探讨气候变化对人类文化的影响。或者直接利用有关地区的气候变化研究成果来解释区域人类文化的演化历史。如吉笃学等分析了中国北方地区晚更新世人类文化特征、遗址分布等气候变化的关系后指出，末次冰期间冰阶（MIS3阶段）温暖湿润的气候向末次冰期盛冰期干凉气候的转变，一些遗址由粗大石器转变为细石器，一些遗址的人群发生向南的迁徙[7]。夏正楷等对河北泥河湾于家沟遗址进行了孢粉、氧碳同位素、碳

---

[1] 付罗文、袁靖:《重庆忠县中坝遗址动物遗存的研究》,《考古》2006年第1期。

[2] 谭德睿、黄龙、王永吉、吕厚远、吕海滨:《植物硅酸体及其在古代青铜器陶范制造中的应用》,《考古》1993年第5期。

[3] 赵志军:《植物考古学概述》,《农业考古》1992年第1期。

[4] 于喜风:《新疆哈密市五堡152号古墓出土农作物分析》,《农业考古》1993年第3期；杨晓燕、吕厚远、刘东生、韩家懋:《粟、黍和狗尾草的淀粉粒形态比较及其在植物考古研究中的潜在意义》,《第四纪研究》2005年第2期。

[5] 靳桂云、于海广、栾丰实、王春燕、A.P.Underhill、腰希申:《山东日照两城镇龙山文化（4600~4000aBP）遗址出土木材的古气候意义》,《第四纪研究》2006年第4期。

[6] 王树芝、王倩倩、王忠信、梁官锦、齐乌云、任晓燕:《金禅口遗址齐家文化中晚期木炭遗存指示的木材利用和生态环境》,《农业考古》2016年第1期。

[7] 吉笃学、陈发虎、R. Bettinger、R.G.Elston、耿志强、L.Barton、王辉、安成邦、张东菊:《末次盛冰期环境恶化对中国北方旧石器文化的影响》,《人类学学报》2005年第4期。

酸盐和有机碳等分析，证明距今14000年以来气候波动性变暖变湿，距今14000～11000年出现丰富的细石器文化遗存，距今11000年之后，新石器文化逐渐发展起来[①]。气候变化同新石器文化演化关系的研究更多。如靳桂云通过河北一泥炭剖面的孢粉和氧同位素分析，揭示了距今5000年的气候干凉化是导致红山文化衰落的主要原因[②]。

同期，考古遗址的地貌与水文环境重建及人类文化演化同地貌与水文环境关系的研究逐渐增多。东海海面和海岸线变化对华东滨海地区聚落分布的影响研究较多[③]，环渤海地区也有所研究[④]。洞庭湖水位变化同聚落分布关系的研究、河流地貌演化同聚落分布及文化演化的关系、河流演变导致水资源环境变化和对人类社会的影响、聚落营建与生业经济对地貌与水文环境的适应等问题均取得较多成果[⑤]。

古代自然灾害对人类社会的影响日益受到关注。张俊娜等研究和介绍了中原地区发现的距今4000年前后发生的多个考古遗址中的洪水事件[⑥]。Kidder等通过对河南三杨庄遗址中全新世至历史晚期地层与沉积特征的详

---

① 夏正楷、陈福友、陈戈、郑公望、谢飞、梅惠杰：《我国北方泥河湾盆地新—旧石器文化过渡的环境背景》，《中国科学：地球科学》2001年第5期。

② 靳桂云：《燕山南北长城地带中全新世气候环境的演化及影响》，《考古学报》2004年第4期。

③ D Stanley, Z Chen, J Song Inundation, Sea-Level Rise and Transition from Neolithic to Bronze Age Cultures, Yangtze Delta, China. Geoarchaeology: An International Journal, 1999, 14 (1): 15-26; L Li, C Zhu, Z Qin, et al. Relative sea level rise, site distributions, and Neolithic settlement in the early to middle Holocene, Jiangsu Province, China. The Holocene, 2018, 28 (3): 354-362; Z Wang, D Ryves, S Lei, et al. Middle Holocene marine flooding and human response in the south Yangtze coastal plain, East China. Quaternary Science Reviews, 2018: 187.

④ 王青：《环渤海地区的早期新石器文化与海岸变迁》，《华夏考古》2000年第4期。

⑤ T Liu, Z Chen, Q Sun, B Finlayson. Migration of Neolithic settlements in the Dongting Lake area of the middle Yangtze River basin, China: Lake-level and monsoon climate responses. The Holocene, 2011, 22 (6): 649-657；夏正楷、邓辉、武弘麟：《内蒙西拉木伦河流域考古文化演变的地貌背景分析》，《地理学报》2000年第3期；王辉、张海、张家富、方燕明：《河南省禹州瓦店遗址的河流地貌演化及相关问题》，《南方文物》2018年第4期；X Yang, L Scuderib, X Wang, et al. Groundwater sapping as the cause of irreversible desertification of Hunshandake Sandy Lands, Inner Mongolia, northern China. PNAS, 2015, 112 (3): 702-706；毛龙江、莫多闻、蒋乐平、贾耀锋、李明霖、周昆叔、史辰羲：《浙江上山遗址剖面记录中更新世以来的环境演变》，《地理学报》2008年第3期。

⑥ 张俊娜、夏正楷：《中原地区4ka BP前后异常洪水事件的沉积证据》，《地理学报》2011年第5期。

细研究，发现该地区自中全新世至元代前有9个洪水泛滥的时期①。河南荥阳薛村商代早期遗址中发现了古地震遗迹，研究表明地震发生的年代在距今3400年前后②。夏正楷等研究了青海喇家史前灾难遗址，研究认为，首先是地震摧毁了喇家聚落，后续的洪水沉积覆盖和完整保存了当时人群遭遇突发灾害的场景③。

针对考古遗址，全面重建各种自然环境因素的特征和演变历史，揭示和阐释自然环境特征及其变化同遗址人类文化特征及其演变的关系，已成为环境考古研究的主要方向。20世纪70年代以来，几乎所有重要遗址的发掘研究都进行了一定的环境考古研究，其中多个遗址开展了将环境考古作为突出内容的综合研究。如从1977年底开始，中国科学院古脊椎动物与古人类研究所组织18家单位对周口店遗址进行了以环境为主的综合研究④。辽宁金牛山遗址1986～1994年间的研究⑤和河南洛阳皂角树遗址的发掘研究等⑥都将环境考古作为突出内容。湖南澧县城头山遗址1998年开展了中日合作的大规模环境考古研究⑦。21世纪以来，北京大学和浙江省文物考古研究所组织了对浙江余姚田螺山遗址的综合环境考古研究⑧。浙江考古所联合多家单位对良渚遗址开展了十余年以环境考古为主要内容的综合研究⑨。

区域环境考古是对一定区域范围内自然环境特征及其变化同人类文化演化关系的研究。20世纪70年代以来这方面的研究成果和水平有显著提

①　Tristram Kidder, Haiwang Liu, Qinghai Xu, and Minglin Li. The Alluvial Geoarchaeology of the Sanyangzhuang Site on the Yellow River Floodplain, Henan Province, China. Geoarchaeology: An International Journal, 2012: 1-20 .

②　夏正楷、张小虎、楚小龙、张俊娜：《河南荥阳薛村商代前期（公元前1500～前1260年）埋藏古地震遗迹的发现及其意义》，《科学通报》2009年第12期。

③　夏正楷、杨晓燕、叶茂林：《青海喇家遗址史前灾难事件》，《科学通报》2003年第11期。

④　吴汝康、任美锷、朱显谟等：《北京猿人遗址综合研究》，科学出版社，1985年。

⑤　傅仁义：《金牛山古人类遗址的发掘和研究简史》，《考古学研究》（七），科学出版社，2008年。

⑥　洛阳市文物工作队：《洛阳皂角树——1992—1993年洛阳皂角树二里头文化聚落遗址发掘报告》，科学出版社，2002年。

⑦　湖南省文物考古研究所、国际日本文化研究中心：《澧县城头山——中日合作澧阳平原环境考古与有关综合研究》，文物出版社，2007年。

⑧　北京大学中国考古学研究中心、浙江省文物考古研究所：《田螺山遗址自然遗存综合研究》，文物出版社，2011年。

⑨　浙江省文物考古研究所：《良渚古城综合研究报告》（良渚遗址群考古报告之七），文物出版社，2019年。

高。周昆叔研究了北京地区气候和地貌同人类文化演化的关系①。内蒙古中南部地区环境考古研究取得较多成果②。许多学者先后研究了西北地区全新世环境与文化关系，取得丰硕成果③。中原地区不同区域的环境考古研究受到持续关注④。海岱地区自然环境和文化演化关系的研究亦取得许多重要成果⑤。有学者研究分析了黄河流域及北方地区不同地理单元第四纪环境与人类文化演化⑥。长江流域也是我国人类起源和文明发展的重要地区，不同时

---

① 周昆叔：《北京环境考古》，《第四纪研究》1989年第9期。

② 田广金、史培军：《内蒙古中南部原始文化的环境考古研究》，《内蒙古中南部原始文化研究文集》，海洋出版社，1991年；史培军、王静爱、郭素新、索秀芬：《内蒙古农牧交错地带环境考古研究——考古文化分布与自然环境及其演变关系分析》，《内蒙古文物考古》1993年第1、2期合刊。

③ 尹泽生、杨逸畴、王守春：《西北干旱地区全新世环境变迁与人类文明兴衰》，地质出版社，1992年；李非、李水城、水涛：《葫芦河流域的古文化与古环境》，《考古》1993年第9期；韩建业：《中国西北地区先秦时期的自然环境与文化发展》，文物出版社，2008年；Liu F, Zhang Y, Feng Z et al. The impacts of climate change on the Neolithic cultures of Gansu-Qinghai region during the late Holocene Megathermal. Journal of Geographical Sciences, 2010, 20 (3): 417-430; Dong G, Jia X, An C, et al. Mid-Holocene climate change and its effect on prehistoric cultural evolution in eastern Qinghai Province, China, Quaternary Research, 2012, 77: 23-30.

④ 靳松安、张进：《论自然环境对河洛地区史前文化发展的影响》，《中原文物》2004年第4期；李月丛、胡金华、许清海：《河北省南部新石器时代人地关系研究》，《地理与地理信息科学》2004年第20期；张震宇、周昆叔、杨瑞霞等：《双洎河流域环境考古》，《第四纪研究》2007年第27期；吕厚远、张健平：《关中地区的新石器古文化发展与古环境变化的关系》，《第四纪研究》2008年第28期；贾耀锋、庞奖励、黄春长等：《渭河流域东部全新世环境演变与古文化发展的关系研究》，《干旱区地理》2012年第2期；胡松梅：《略论渭水流域8—5kaB.P.环境演变与文化发展的关系》，《考古与文物》2015年第6期。

⑤ 刘敦愿：《地理因素在山东古代历史发展中的作用》，《农业考古》1998年第1期；中国社会科学院考古研究所：《胶东半岛贝丘遗址环境考古》，社会科学文献出版社，1999年；何德亮：《山东新石器时代环境考古学研究》，《东方博物》2004年第2期；王青、黄爱华、袁庆华：《山东寿光市北部沿海环境考古报告》，《华夏考古》2005年第4期；齐乌云、梁中合、高立兵等：《山东沭河上游史前文化人地关系研究》，《第四纪研究》2006年第26期；靳桂云、王传明：《海岱地区新石器时代气候与环境》，《古地理学报》2010年第3期。

⑥ 祁国琴：《华北更新世人类环境》，《人类学学报》1990年第4期；安芷生：《黄土、黄河、黄河文化》，黄河水利出版社，1998年；张宏彦：《黄河流域史前文化变化过程的环境考古学观察》，《考古与文物》2009年第4期；杨志荣、索秀芬：《我国北方农牧交错带人类活动与环境的关系》，《北京师范大学学报（自然科学版）》1996年第3期；张东菊、陈发虎：《中国北方地区旧石器时代环境考古学研究进展》，《海洋地质与第四纪地质》2013年第4期；卓海昕、鹿化煜、贾鑫、孙永刚：《全新世中国北方沙地人类活动与气候变化关系的初步研究》，《第四纪研究》2013年第2期。

期不同区域的环境与文化关系均进行了大量研究^①。华南地区的环境考古研究亦有所开展^②。东北则以辽西地区的研究较多^③。亦有对黄河、长江、西辽河流域为整体区域的全新世环境与文化关系的讨论^④。

20世纪70年代以来的一个重要进展是开展了人类演化与迁徙、农业起源、文明起源、聚落形成与演化、文化区系类型演变等重要文化变迁的环境动因研究。中国主要动植物品种的驯化历史、早期农业的发展历史、空间差异及其同自然环境的关系已取得突出成果^⑤。史前聚落的形态结构及其形成与演变历史、聚落选址与空间分布特征及其变化的环境考古研究取

---

① 王开发、张玉兰、封卫青等：《上海地区全新世植被、环境演替与古人类活动关系探讨》，《海洋地质与第四纪地质》1996年第1期；陈中原、洪雪晴、李山等：《太湖地区环境考古》，《地理学报》1997年第2期；王伟铭、舒军武、陈炜等：《长江三角洲地区全新世环境变化与人类活动的影响》，《第四纪研究》2010年第30期；吴小平、吴建民：《洞庭湖区新石器时代遗址的分布与古环境变迁的关系》，《东南文化》1998年第1期；郭立新：《长江中游地区新石器时代自然环境变迁研究》，《中国历史地理论丛》2004年第2期；孙吉、邓文：《岷江上游新石器时代的文化景观与环境动因》，《四川文物》2006年第5期；裴树文、高星、冯兴无、陈福友：《三峡地区更新世人类适应生存方式》，《第四纪研究》2006年第4期；朱诚、郑朝贵、吴立：《长江流域新石器时代以来环境考古》，科学出版社，2019年。

② 黄光庆：《珠江三角洲新石器考古文化与古地理环境》，《地理学报》1996年第6期；商志醰、吴伟鸣：《香港地区史前考古与生态环境的研究》，《东南文化》1997年第2期；宋艳波、谢光茂：《广西百色地区全新世早中期的动物考古学研究》，《南方文物》2016年第1期。

③ 邓辉：《全新世大暖期燕北地区人地关系的演变》，《地理学报》1997年第1期；汤卓炜：《辽西地区青铜时代考古学文化与生态环境》，《边疆考古研究》（第9辑），科学出版社，2010年。

④ Mo D, Zhao Z, Xu J, Li M. Holocene environmental changes and the evolution of the Neolithic cultures in China. In Landscapes and Societies. Martini Peter, Chesworth Ward, (Ed). Springer, 2010.

⑤ 孔昭宸、刘长江、张居中、靳桂云：《中国考古遗址植物遗存与原始农业》，《中原文物》2003年第2期；靳桂云、王春燕：《山东地区植物考古的新发现和新进展》，《山东大学学报（哲学社会科学版）》2006年第5期；Lu H, Zhang J, Liu K B, et al. 2009, Earliest domestication of common millet (Panicum miliaceum) in East Asia extended to 10,000 years ago. PNAS, 2009, 106 (18): 7367-7372; Yang X, Barton H, Wan Z, et al. Sago-Type Palms Were an Important Plant Food Prior to Rice in Southern Subtropical China. PLOS ONE, 2013, 8 (5); Zhao Z. New Archaeobotanic Data for the Study of the Origins of Agriculture in China. Current Anthropology, 2011, 52 (S4); Bar-Yosef O. Climatic Fluctuations and Early Farming in West and East Asia. Current Anthropology, 2011, 52 (S4); 袁靖：《中国新石器时代家畜起源的问题》，《文物》2001年第5期；张之恒：《生态环境对史前文化的影响和中国史前文化的三个过渡地带》，《考古与文物》2008年第2期；Chen F, Dong G, Zhang D, et al. Agriculture facilitated permanent human occupation of the Tibetan Plateau after 3600 B P. Science, 2015, 347 (6219).

讲座现场

得许多成果①。中国史前文化的区系类型、文化的统一性与多样性特点同中国自然环境及其区域差异之间的关系等问题得到阐释②。20世纪晚期以来中华文明起源与早期发展的研究成为中国考古学一大主题③。严文明等学者阐释了中华文明的特点与发展模式同中国自然环境特点的关系④。宋豫秦等学者分析了各地区全新世环境特征对文明发展进程的影响⑤。中华文明探源工程环境课题进一步论证了文明起源与早期发展的地域、时间、多元一体发展道路、都邑性聚落的兴废等同自然环境特征及其变化的关系⑥。

这一时期，日益增多的地学及其他相关学科学者参与到环境考古研究中来，许多考古单位也逐渐形成了环境考古研究团队，有些单位已建立了

---

① 严文明：《近年聚落考古的进展》，《考古与文物》1997年第2期；王红星：《从门板湾城壕聚落看长江中游地区城壕聚落的起源与功用》，《考古》2003年第9期；Lü J, Mo M, Zhuang Y, Jiang J, Liao Y, Lu P, Ren X, Feng J. Holocene geomorphic evolution and settlement distribution patterns in the mid-lower Fen River basins, China. Quaternary International, 2019, 521；魏兴涛、张小虎：《灵宝铸鼎原新石器时代聚落变迁的地貌背景考察》，《中原文物》2017年第6期；胡珂、莫多闻、毛龙江、曹玮、王炜林：《榆林地区全新世聚落时空变化与人地关系》，《第四纪研究》2010年第2期。

② 苏秉琦、殷玮璋：《关于考古学文化的区系类型问题》，《文物》1981年第5期；严文明：《中国史前文化的统一性与多样性》，《文物》1987年第3期。

③ 张忠培：《中国古代文明之形成论纲》，《考古与文物》1997年第1期；苏秉琦：《中国文明起源新探》，生活·读书·新知三联书店，1999年；张光直：《论"中国文明的起源"》，《文物》2004年第1期。

④ 严文明：《中国文明起源的探索》，《中原文物》1996年第1期；韩建业：《早期中国（中国文化圈的形成和发展）》，上海古籍出版社，2015年。

⑤ 宋豫秦主编：《中国文明起源的人地关系简论》，科学出版社，2002年。

⑥ 科技部社会发展科技司、国家文物局博物馆与社会文物司主编：《中华文明探源工程文集·环境卷（Ⅰ）》，科学出版社，2009年；王海斌、莫多闻、李拓宇：《陶寺古城形成与选址的环境与文化背景研究》，《水土保持研究》2014年第3期。

讲座现场

专门的环境考古研究机构。一些人才培养单位陆续设立了相关课程和研究生培养方向。2004年，汤卓炜编著出版我国第一本环境考古学方面的教材[①]，后续有多本教材或专著出版。1995年中国第四纪科学研究会环境考古专业委员会成立，2016年中国考古学会也成立了环境考古专业委员会。1990年，在周昆叔、巩启明等先生的推动下，在西安举办了第一届中国环境考古学术讨论会，会后出版了会议文集[②]，迄今已举办了6届大会，同期还举办了相当数量不同规模的学术会议。研究队伍的扩大、学科建设的进步、学术组织的建立、学术活动的繁荣、国际学术交流的增多、大量研究课题的实施和研究成果的涌现，标志着中国环境考古学已进入快速发展的时期。

---

① 汤卓炜：《环境考古学》，科学出版社，2004年。
② 周昆叔、巩启明：《环境考古研究》（第一辑），科学出版社，1991年。

二里头：中华文明总进程的核心与引领者

赵海涛

中国社会科学院考古研究所

讲座时间： 10月17日（周日）晚上19：00～20：30
讲座地点： 三门峡市国际文博城群众艺术馆四楼多功能厅

2018年5月28日，国务院新闻办公室举行新闻发布会，介绍中华文明探源工程的成果，指出："距今3800年前后，中原地区形成了更为成熟的文明形态，并向四方辐射文化影响力，成为中华文明总进程的核心与引领者。"距今3800年前后，中原地区进入二里头文化时期。"核心与引领者"，这是对二里头文化在中华文明总进程中的价值和地位的精准概括。

一、天下之中：二里头文化的地理位置

二里头遗址是徐旭生先生1959年为调查"夏墟"而发现的。当年秋天中国科学院考古研究所即进行发掘，到今年整整62年了。二里头所在的河南洛阳市属于广义的中原地区，地理位置优越，处于黄土高原和华北大平原的交接处，是东亚地区最早的王朝、广域王权的诞生地，也是中国古代主要的政治中心。

洛阳盆地是一个只有一千多平方千米的标准盆地，易守难攻，安全有保证。盆地内河流纵横，物产丰富，交通便利，先后有13个朝代建立了6大都城，共有约1500年的建都历史。

二、煌煌大都：二里头都邑的辉煌气象

二里头遗址主体遗存的时代是公元前1800到前1500多年，正处于中国王朝国家形成的重要转折时期。二里头遗址考古有很多重要的成果，我们总结了一些"中国之最"，如城市主干道路网络、方正宫城、双轮车辙、中轴线布局的宫殿建筑群、多进院落宫殿建筑群、国家级的祭祀场所和祭祀区、最早的官营作坊区、青铜器铸造作坊、绿松石器加工作坊、青铜礼

器群、青铜兵器群等。这其中的多项,不仅是最早,也在同一时期是唯一的,只有二里头都邑才有。由上可知,它也是公元前两千纪前半叶最大的聚落,是一个最早具有明确城市规划的大型都邑。以二里头遗址为代表的二里头文化是东亚地区最早的核心文化。

1. 最早的城市主干道路网络、最早的双轮车辙

中心区发现了宽度达10～20米、纵横交错形成"井"字形的道路,在南边的东西向道路上发现了两道双轮车车辙的痕迹。二里头总共发现了三处双轮车车辙的痕迹,车辙间距约1米宽。中心区的主干道路网络从第二期早段基本形成,一直延续使用到四期晚段。

从2019年开始,在中心区发现更多的主干道路及其两侧的墙垣。二里头都城很有可能是以中心区的主干道路和两侧的围墙规划为多个网格,代表不同的功能区;祭祀区、宫殿区、作坊区从北向南依次排列,构成遗址的中轴区域,中轴区域的东西两侧是贵族居住和墓葬区。布局上还体现出以宫殿区为核心向心分布的特征,祭祀区、官营作坊区和贵族居住区、墓葬区等重要的功能区围绕宫殿区分布。这样严谨、规整的布局表明当时有清晰的规划,表明社会等级严格、层次分明,统治格局井然有序,反映出二里头具有严格、规范的等级制度、礼仪制度和统治制度,这是二里头进入王朝国家最重要的标志。这样的布局,符合《吕氏春秋》所载"古之王者,择天下之中而立国,择国之中而立宫,择宫之中而立庙"的规划原则,跟《禹贡九州图》相似,很有可能这个时候具有"九州"观念,并且在都城进行了理想化的设计。

2. 最早的方正宫城、中轴线布局的宫室建筑群

宫殿区在道路网络围起空间的中心。二里头文化二、三期之交宫殿区外围修建了2米宽的围墙,形成面积近11万平方米的宫城。大中型宫殿建筑高度集中在这个区域,形制规整,结构复杂,排列有序,显示了政治和宗教权力的高度集中。

宫城中的一号基址群和二号基址群,都具有中轴对称特征。一号基址群包括1号基址和它前面有共同中轴线的7号基址,以及宫城南墙、西墙和2号墙围成的空间。一号基址群共约1.5万平方米,一号基址本身将近1万平方米,重要程度不言而喻。二号基址群包括方正规整的2号基址和它正前方的4号基址,它们拥有共同的中轴线。

方正规整的宫城,以及宫室建筑的很多规制,比如说四合院式、坐北朝南、一门三道、长宽比例等,多被后世继承、发展,由此奠定了后世宫城、宫室制度的基础。

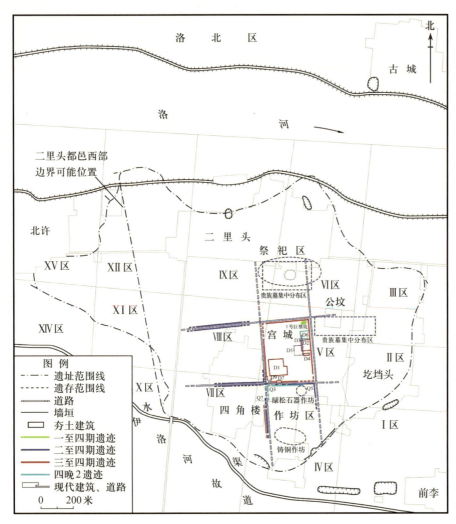

二里头遗址平面示意图

3. 最早的多进院落宫室建筑群

宫殿区东北部发掘有三号、五号两组多进院落宫室建筑群，是后世多进院落宫室建筑的源头。二者东西并列，中间有一个通道和排水暗渠相间隔，院子中都发现5座中型墓葬。这些墓葬都是在基址使用时期埋入，之后基址继续使用，是典型的"居葬合一"布局。这是首次在宫殿区发现贵族墓葬。3号基址院中的3号墓发现了精美的绿松石龙形器。

4. 中国最早的国家祭祀场——最高祭祀权

二里头都城发现有最早的国家级祭祀场所。宫殿区以北有一个专门的祭祀区域，其中发现了多座类似于"坛"的圆形遗迹，长方形半地下式类似于"墠"的遗迹，以及可能用于祭祀的墓葬。宫殿区东北角一期晚段出现一座约2200平方米的大坑，可能为修建大型夯土建筑而取土形；二期

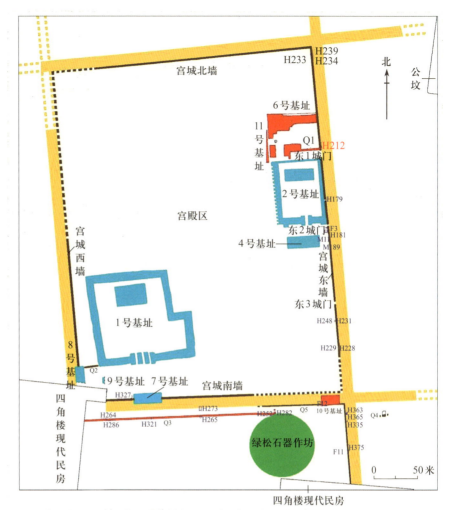

二里头遗址宫殿区晚期遗存分布图

时发现多具幼猪骨骼，骨骼摆放比较整齐，可能与祭祀有关。

祭祀遗存区在中轴区域甚至在宫殿区里面，应该是最高等级的祭祀权力的体现，说明祭祀权力被上层贵族垄断和控制，显示祭祀权力有重要的作用。

5. 中国最早的官营作坊区、铸铜作坊、绿松石器加工作坊

大型官营作坊区在宫殿区南邻，位置重要，且有墙垣围护，显示出官营作坊区的重要地位。里面发现了约2万平方米的铸铜作坊和超过1000平方米的绿松石器加工作坊，使用年代都是从二里头文化二期一直到二里头文化最晚阶段。铸铜作坊位于南侧，其中的遗存种类多样，包含了多种工序，专门铸造青铜礼器。绿松石器加工作坊位于作坊区东北，发现有大量绿松石原料、石核、毛坯、半成品、成品、工具以及废料、废品，包括了加工绿松石嵌片和管、珠的过程。绿松石龙、镶嵌绿松石铜牌饰很可能都

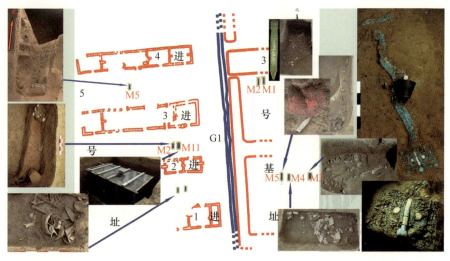

二里头多进院落宫室建筑群及院内贵族墓

是在这些区域里面加工的。

6. 最早的青铜礼乐器群

二里头遗址出现了中国最早的青铜礼乐器群，包括铜爵、铜盉、铜斝、铜鼎和铜铃。这些青铜礼乐器只出现在高等级的贵族墓葬里面，构成了中国最早的青铜礼乐器群。以青铜礼乐器为代表的青铜礼乐文明，在二里头时期形成了一套基本的组合、造型和使用制度。

7. 二里头的玉礼器群

二里头玉礼器只见于中型的墓葬里面主要是柄形器和玉刀、玉戈、玉牙璋、玉璧戚、玉钺、玉圭等大型片状兵器，尺寸长、器体薄；动物、神灵类的雕塑玉器极少，可能表明比较注重军权和王权。

8. 二里头的陶礼器群

二里头的陶质礼器，主要是酒器，也包括少量加工比较精致的饮食器具，多数出自于贵族墓葬中，也是等级身份的重要标志，同样属于礼器的组成部分。

9. 建筑和墓葬体现的等级分化

建筑方面也分成多个等级。目前发现的建筑，从面积约 1 万平方米、结构复杂、功能重要的大夯土建筑，到数百平方米中小型的夯土建筑，到数平方米的小型房址，居住方面体现出很明显的差别和等级制度。

墓葬方面体现出严格的等级划分。根据墓室面积、葬具和随葬品的规格、数量的，墓葬可以分为四个等级。第一等级面积 2 平方米以上，有青铜礼器、玉礼器、绿松石器、漆器等稀有珍贵的物品。第二等级开始逐步降低。铸铜作坊里面发现了一些带有花纹的陶范，其中一件直径约 30 厘

2002 Ⅴ M3 出土绿松石龙形器和 1984 Ⅵ M11 铜牌饰

盉

爵

斝

鼎

二里头出土青铜礼乐器

米，且带有花纹，但是口径那么大、带有那些花纹的青铜器到现在还没有见到，因此目前发现的青铜礼器不代表当时青铜器的最高水平，最高等级的青铜器和墓葬可能还没有被发现。

这些辉煌气象只见于二里头遗址，说明它是当时的政治、经济、文化、祭祀和权力中心，是二里头文化的都城，也说明当时有严格的等级划分，有一套发达的礼制观念和统治制度，是当时文明的核心，产生了王朝国家。

三、巍巍华夏：二里头文化的统治网络

二里头文化的400余处聚落中，以300万平方米的二里头为都城，有数十万至百余万平方米的区域性中心聚落、10万～30万平方米的次级中心聚落及众多更小的聚落，形成金字塔式的聚落等级结构和众星捧月式的聚落空间分布格局，显示出来二里头文化有一个严格的控制网络、发达的统治制度，这是二里头之所以能够脱颖而出的重要原因。同一时期周边其他文化的发展水平，都没有二里头这么高。二里头文化处于当时社会最先进的发展程度。

二里头遗址出土的玉礼器

二里头遗址出土的陶礼器

四、多元一体：二里头文化的横空出世

在二里头横空出世之前，以长江流域的良渚文化、屈家岭 - 石家河文化，黄河流域的大汶口文化晚期、石峁文化、陶寺文化为代表，中华大地各地区陆续进入"邦国林立"的"古国时代"。

这些地区在进入辉煌一段时间之后，先后沉寂衰弱下去了，后续也没有同样发达、同样先进的王朝国家实体。二里头所在的中原地区因为处于中心的位置，所以各地各种势力参与竞争，中原社会进入逐鹿中原这样非常激烈的状态，各地的文化因素都融入中原地区。龙山文化最晚阶段，中原地区社会动荡整合、分化加剧，区域间的交流和融合也不断得以加强，中原龙山文化系统的城址和大型中心聚落也纷纷退出历史舞台。距今3800

讲座现场

年前后，中原地区在与大量外来文化的强烈相互作用下，以其博大的胸怀，兼收并蓄，汇集了中华大地早期文明的精粹，比如西边的铸铜技术，小麦、绵羊等物种，东边的礼制文化，北方草原的战斧和环首青铜刀，南边的后石家河的玉器等，率先发生了重大转变，催生了二里头文化，形成了更为成熟的文明形态，二里头早期广域王权国家的政治统治架构也逐步在中原地区确立。

五、引领后世：二里头文化的传承辐射

二里头文化创造的文明成果，大部分都被后世所继承下去。

二里头城市规划方面的路网规划、择中立宫、显贵拱卫、居葬混杂等制度，严格规整的宫城、宫室制度、建筑规制等制度，在偃师商城为代表的商代早期城址中继承关系明显；青铜礼容器的铸造技术、组合、形制及所体现礼乐文化、制度，被商周王朝继承，奠定了后世商周高度发达，高度辉煌的青铜礼乐文明的主要基础。甚至日用陶器方面，除少量陶器种类继承自下七垣文化之外，二里冈文化的大部分陶器继承自二里头文化。因此，从上层规划、宫城、宫室制度、青铜礼乐制度，到下层的陶器文化，二里头文化都为商文明奠定了最主要和最直接的基础。

二里头文化形成之后向周围强势辐射文化影响力，在东北地区赤峰大甸子的遗址，可以见到二里头风格的陶爵和陶鬶。在浙江、上海一带马桥文化中见到二里头文化的陶盉。在安徽地区见到二里头文化的铜铃和铜斝。在甘肃、四川三星堆见到二里头文化风格的铜牌饰等。从上，可以看到二里头文化对中国广大区域都有直接的影响。二里头文化牙璋也影响到了中国南部广大地区。在早期牙璋的基础上，二里头文化的牙璋有一些大的变化。二里头文化的牙璋多出现在高等级的贵族墓葬里面，

讲座现场

是代表等级身份的重要礼器。二里头文化风格的牙璋在湖北、湖南、广东、福建、香港，以及四川三星堆，甚至今天越南北部地区，都有发现，这么大的范围都受到二里头牙璋为代表的政治文化、制度的影响。

以上种种实例，充分体现出二里头文化是中华文明总进程的核心与引领者。

综上可见，二里头文化是东亚地区最早的核心文化、广域王权国家，是商文明最主要和最直接的前身，并向四方强势辐射文化影响力，中国历史由"多元化"的邦国时代进入到"一体化"的王国时代，具有划时代的意义，充分体现二里头是中华文明的核心与引领者，是黄河文化和中华文明的主根和灵魂，也是中华文明多元一体、兼收并蓄、连绵不断的重要体现。

二里头遗址、二里头文化与文献记载中的夏王朝对应度极高，它们极有可能是夏都、夏朝的遗存，是研究中国早期王朝国家、夏朝考古的最重要对象。

水下考古与中国行动

宋建忠

国家文物局考古研究中心

讲座时间： 2021年10月18日（周一）晚上19：00～20：30
讲座地点： 三门峡市职业技术学院（老校区）1号教学楼109教室

我们生活的地球71%被海洋包裹，而浩瀚的海洋中蕴藏着各种资源，其中包括人类的文化遗产。19世纪30年代，英国地质学家查尔斯·莱伊尔在《地理学原理》中讲道："在人类历史演进的过程中，海底聚集的人类艺术品和工业纪念物的数量可能比大陆上任何一个时期保存的还要多。"1925年，法国考古学家雷纳克（Solomom Reinach）说："古代世界最丰富的博物馆坐落在地中海的海底……然而这家博物馆却还无法进入。"而西方水下考古正是从地中海起步的。

西方水下考古产生的背景大概有三：一是好奇寻宝，古希腊时期的地中海采绵活动就发现有沉船，15世纪意大利内米湖发现古罗马时期沉船；二是近代考古，19世纪中叶近代考古学建立，19世纪后期西方海洋科考开展；三是轻潜技术，1943年轻潜技术发明，20世纪50年代已运用到水下考古中。

一、水下考古学是什么？

水下考古学是考古学的组成部分或重要分支，是陆地考古向水下的延伸，它是调查、发掘、保护与研究淹没（全部淹没或部分淹没）于水下的人类物质文化遗存的一门人文学科。20世纪60年代，美国乔治·巴斯将轻潜技术应用到正式的水下考古工作中，标志着水下考古的正式诞生。

2001年11月2日，联合国教科文组织在第31届大会上正式通过了《水下文化遗产保护公约》（Convention on the Protection of Underwater Cultural Heritage，以下简称《公约》）。《公约》规定，水下文化遗产是指至少100年来，周期性地或连续地，部分或全部位于水下的具有文化、历史或考古价值的所有人类生存的遗存，比如：①遗址、建筑、房屋、工艺品和人的遗骸，以及其有考古价值的环境和自然环境；②船只、飞行器、其他运输工具或上述三类的任何部分，所载货物或其他物品，以及其有考古价值的环境和自然环境；③具有史前意义的物品。

水下考古遗址，或因地震、海啸，或海平面上升，或陆地下沉，或其他一些灾害，形成了今天沉没在水底的遗址。比如，埃及亚历山大水下古城索尼斯－伊拉克利翁（Thonis-Heracleion）曾是一座只存在于文献中的埃及古城。20世纪90年代，法国水下考古学家于亚历山大附近阿布吉尔湾的水下发现这座古城，其中在七八米深处海底发现一块石碑，碑文明确提及了所在城市的名字：索尼斯－伊拉克利翁。

沉船是水下考古中最多的一类遗存，黑石号（Batu Hitam）沉船1998年在印度尼西亚勿里洞（Belitung）海域发现，包括67000件长沙窑瓷器，其中一件发现有唐宝历二年（826年）纪年。

具有史前意义的物品类，比如距今7万～1.15万年前的末次冰期，海水下降，台湾海峡变成陆地，台湾岛和大陆连为一体，古人类、古动物可以通过陆桥迁徙到台湾地区。海峡两岸发现很多同类型古生物化石等，虽然不是人类的物质文化遗产，但对人类认识自然环境的变迁有重要作用。

二、中国水下考古的诞生与发展

1984年，英国商人迈克·哈彻在南海发现并打捞了1752年冬（乾隆十七年）沉没的荷兰东印度公司"哥德瓦尔森"号商船。1986年4～5月，哈彻委托荷兰佳士得在阿姆斯特丹大肆拍卖，拍卖约15万件瓷器，125块金锭等文物，总价值达3700万荷兰盾（约2000万美元）。

1986年4月，中国文化部文物事业管理局委派故宫博物院陶瓷专家冯先铭、耿宝昌赴荷兰考察拍卖事宜。1986年6月10日，新华社《参考清样》（第330期）刊登《我国陶瓷专家建议重视水下考古工作》文章，中央领导责成国家科委研究提出处理意见。

1986年7月9日，国家科委科技促进发展研究中心与文化部文物事业管理局联合召开座谈会。故宫博物院、中国社会科学院考古研究所、中国历史博物馆（现中国国家博物馆）、北京大学考古系、广州市博物馆以及国家海洋局、交通部、外交部、中国人民解放军海军司令部等单位的专家、学者出席，共同研讨在中国开展水下考古的相关筹备工作。这也是后来成立的国家水下考古工作小组成员单位。

1986年9月，国家科委与文化部向中央、国务院有关领导联合呈报《关于加强我国水下考古工作的报告》，提出"制定有关法规""由文化部负责，建立水下考古的专门协调机构""培训人员，建立水下考古科研队

第一届水下考古培训班学员合影

伍""在经费上给予支持""大力协同，搞好水下考古工作"5条关于开展
我国水下考古工作的建议。

1987年3月，国家水下考古工作协调小组成立。同年8月，意外发现
"南海Ⅰ号"沉船。11月，中国历史博物馆水下考古学研究室成立。这三
件大事标志着中国水下考古的诞生。而时任中国历史博物馆馆长的俞伟超
先生则成为中国水下考古事业的开创者、水下考古学的奠基者。

1989年，起步之后的中国水下考古又办了三件大事。第一件是我国和
澳大利亚联合培训了中国第一届水下考古队员，共11人。第二件是我们
和日本水中考古学研究所联合成立"南海Ⅰ号"沉船调查学术委员会，由
中国考古学会理事长苏秉琦和日本考古学会会长江上波夫为双方牵头人。
第三件是法规建设，国务院于1989年10月颁布实施《中华人民共和国水
下文物保护管理条例》。

1989年以后，中国水下考古的主要成就有：1991～1997年，辽宁
绥中三道岗元代沉船发掘；1998～1999年，西沙群岛水下考古调查；
2001～2004年，"南海Ⅰ号"水下考古调查；2003年，广东阳江水下考古
基地建成启用；2007年，"南海Ⅰ号"整体打捞；2007～2008年，华光礁
一号沉船发掘；2009年，中国文化遗产研究院成立国家水下文化遗产保护
中心；2010～2012年，南澳一号沉船发掘；2014年，国家文物局水下文
化遗产保护中心独立建制，"中国考古01"专用工作船交付；2015年，南

沙群岛水下考古调查；2014～2020年，北洋水师甲午沉舰系列调查发掘；2018年，西沙群岛北礁海域深海考古探索，北海基地启用，南海基地奠基；2019年起，在山东大学、北京大学面向本科生、硕士生开设水下考古学概论课程；2020年，国家文物局水下文化遗产保护中心更名为国家文物局考古研究中心。

截至2016年，我国已确认241处水下文化遗存（不含港澳台数据）。遗址类型以海洋遗存为主，兼有内水，水下文物点（97处）、沉船（115处）、聚落址（13处）、墓葬（3处）、水利设施（5处）、建筑（4处）、其他（4处）。遗址时代主要集中在宋、元、明、清。

三、中国水下考古典型案例

1. 辽宁三道岗元代沉船

1991～1997年，先后对其进行了六次水下考古发掘，出水了一批完整的瓷器，对研究我国古代北方地区海上贸易史和陶瓷生产史，有着重要的学术价值。这艘沉船长约21、宽6米，船体已被蚀，仅余船体中的瓷器与铁器。铁器主要为犁铧与锅，瓷器则主要为元代磁州窑瓷器，如白釉黑花的龙凤罐与婴戏罐及梅瓶等，也有少量仿建窑白黑釉、绿釉瓷器。该发掘获得"1993年度全国十大考古新发现"，俞伟超先生评价其"是我国首次全凭自己力量来实现的一项正规的水下考古工作"。这对于起步阶段的中国水下考古事业具有重要意义。

"中国考古01"专用工作船

2. "南海Ⅰ号"沉船

1987年8月，中国交通部广州救捞局与英国海洋探测打捞公司合作，在广东上下川岛附近搜寻一艘外国沉船时，意外发现"南海Ⅰ号"沉船。1989年11月，中日联合组成了"中国南海沉船水下考古调查队"对"南海Ⅰ号"沉船进行首次水下调查，确定了沉船位置。2001～2004年，重启调查，连续进行7次水下考古调查。2005～2006年，制定整体打捞方案。2007年，整体打捞移入广东海上丝绸之路博物馆。2013年底，"南海Ⅰ号"沉船室内保护发掘工作正式启动。

"南海Ⅰ号"沉船包含的文物既有船货，又有船上的生活用具，还有旅客所携带的物品，结合纪年瓷器及其他陶瓷器，可以确定沉船时代为南宋时期（约1183年）。沉船中大量铁制品、异域金属制品的出现和传统文献记载有很大的差距，为研究中国古代对外关系以及航海贸易提供了新的材料。"南海Ⅰ号"的船体保存相对较好，为研究中国古代"福船"的发展、造船技术及航海史提供了重要实物资料。同时，"南海Ⅰ号"沉船整体打捞与考古发掘、研究、保护、展示是中国水下考古与文化遗产保护的经典案例，为国际社会提供了重要经验。

"南海Ⅰ号"沉船整体打捞

"南海Ⅰ号"水下考古队员

南澳一号沉船瓷器

定远舰铁甲出水

3. 南澳一号沉船

沉船位于广东汕头市南澳岛东南附近海域，地处我国传统的海外贸易线路上。2010～2012年，连续三年对其进行了水下考古发掘。沉船船体呈南北走向，残长24.85米，最宽处7.5米，保存25道隔舱板，出水文物以陶瓷器为主，总计20000余件。

南澳一号沉船时代为万历年间（1572～1620年），始发港应为福建漳州月港，商船最大可能经马尼拉中转与西班牙人进行交易，然后通过马尼拉大帆船运往墨西哥阿尔普尔科港口，最后辗转到欧洲市场。隆庆开海（1567年），漳州月港近水楼台，闽南商人独占先机，福建商船将大量的丝绸和瓷器等物资运到菲律宾马尼拉，奠定了大帆船贸易的基础。马尼拉大帆船贸易是西班牙人以菲律宾马尼拉为基地开展的贸易，其货物主要依赖中国商人供应。据文献记载，1580年以后每年到菲律宾的中国商船有40～50艘之多。从马尼拉回国的中国帆船，除银圆外几乎别无他物，大量的西班牙银圆输入闽南，对晚明中国东南沿海地区的社会经济产生了重要影响。

4. 甲午沉舰系列调查

2014年，中国水下考古开启甲午沉舰系列调查，这和传统的海上丝绸之路沉船考古完全不同。1894年9月17日，中日甲午海战爆发于我国黄海

讲座现场

讲座现场

北部海域，经过激烈的海战，北洋水师致远、经远、扬威、超勇四舰沉没于交战海域。

致远舰是晚清北洋水师向英国阿姆斯特朗船厂订购建造的穹甲防护巡洋舰，长72.6、宽11.58米，排水量2300吨，航速18.5节。经远舰是晚清北洋水师向德国伏尔铿造船厂订制的一艘装甲巡洋舰，长82.4、宽11.99、吃水5.11米，排水量2900吨，航速15.5节。经过数年的水下考古工作，我们分别在致远舰、经远舰残骸中发现了有"致远"舰名标识的餐盘和"经远"舰铭牌。另外在山东威海湾发现定远舰残骸，其中最重要的证据就是定远舰铁甲，长2.86、宽2.6、厚0.33米，重约18吨。

甲午海战是木质帆船战舰被蒸汽机装甲战舰取代后的第一次大规模海战，是世界各国海军教科书上的重要案例。致远舰、经远舰的发现确认，为研究近代军舰的建造提供了不可多得的实物。甲午海战是中日两国近现代发展的分水岭，这场战争不仅改变了中日两国的进程，而且对东亚乃至世界格局也产生了重要影响。

甲午沉舰水下考古对于我们今天的意义：勿忘国耻，铭记历史，知耻而后勇，中华民族的伟大复兴必将实现。

什么是建筑考古学

徐怡涛

北京大学考古文博学院

讲座时间： 2021年10月18日（周一）晚上19：00～20：30
讲座地点： 三门峡市职业技术学院（老校区）1号教学楼209教室

一、建筑考古学的定义与核心问题

建筑是人类社会的产物，是承载人类生产和生活的一种重要物质载体，建筑的物质形态和空间环境，记录了人类社会的文化、宗教、科技、经济等各类信息，建筑遗产也因此成为我们认识历史，衔接过去、现在与未来的重要纽带。

从保存建筑历史信息从而见证人类历史的角度分析，历史价值是建筑遗产价值体系的核心。而研究建筑的历史价值，离不开建筑学、历史学、考古学、地理学、社会学等多学科的合作，其中，考古学的主要作用是，精确地确定建筑物的历史沿革，其核心是建筑年代问题，包括创建、重建与重要修缮更迭的年代。

日本学者滨田耕作在其著作《考古学通论》一书中明确指出，"研究考古学最重要的，且为最终的目的，就是资料时代的决定"。虽然，中国考古学把还原古代社会，阐发文明起源作为自身学科的研究目的，但显然，支撑科学还原和阐发历史的基础，是对考古材料尽可能准确地断代和建立尽可能精密的时空框架体系。

中国考古学在建立之初，曾计划把一切人类有意识和无意识的遗迹、遗物均作为考古研究的对象，"用科学的方法调查，保存，研究中国过去人类之物质遗迹及遗物。一切人类之意识的制作物，与无意识的遗迹、遗物，以及人类间接所遗留之家畜或食用之动物之骸骨、排泄物……均在调查、保存、研究范围之内"。

但时至今日，中国考古学界的大多数考古学家，尚未把古代建筑作为其重要的研究对象，对古代建筑缺乏必要的认识，因此，也无法将古代建筑的知识充分运用于田野发掘之中，由此带来的建筑相关遗迹、遗物的错挖、误判、漏判等问题，必然不在少数。

从建筑史学和考古学的学术需求情况分析，"建筑考古"实际面临着两方面的问题，一方面，对于地面现存的古代建筑，应以考古学的理论方法，深化年代问题研究，提出更加精确的时空框架，明确建筑形制的区系类型，渊源流变。另一方面，对于各类考古工作所揭示的建筑遗存，可运用古代建筑的知识，辨识遗迹遗物，指导发掘，复原遗址。

综上，建筑考古学的定义应是：综合运用历史学、考古学和建筑学等相关学科的知识、理论与方法，以现存建筑或建筑相关遗迹为研究对象，研究其年代问题，明确建筑形制的区系类型和渊源流变；辨析建筑遗迹信息，复原建筑历史面貌。

二、建筑考古学与建筑史学的区别与联系

建筑考古学与建筑史学，既有联系也有区别。联系之处在于，她们有着相同的研究对象，有部分相同的研究内容；主要区别在于，因两者所服务的上级学科不同，而衍生出不同的研究目标、理论和方法。

建筑考古学为考古学的下级学科，势必要为考古学、历史学服务，其执着于建筑年代研究的意义在于，只有建立精细的时空框架，才能将建筑上所蕴含的历史信息更准确和更充分地解读出来，建筑只有具备了尽可能精细的时空尺度，才可以和历史研究的时空尺度相衔接，使建筑成为历史研究的可靠史料，丰富历史研究的领域，更好地认识和还原古代社会，以及考古遗址。

建筑史学作为建筑学的二级学科，必然要满足建筑学的核心学术需要，即无论建筑史的教学还是科研，都要服务于建筑学的主体——建筑设计。中国建筑史学重要奠基人之一、清华建筑学学科创始人梁思成先生，曾撰文明确表达，研究中国建筑除在认识和保护历史的作用之外，"更重要的还有将来复兴建筑的创造问题""研究实物的主要目的则是分析及比较冷静的探讨其工程艺术的价值，与历代作风手法的演变。知己知彼，温故知新，已有科学技术的建筑师增加了本国的学识及趣味，他们的创造力量自然会在不自觉中雄厚起来。这便是研究中国建筑的最大意义"。

基于服务建筑设计、为建筑师增添设计创造力的学科基本定位，建筑史注定要更注重于研究古代建筑在设计规律、设计手法、建筑技艺、审美情趣等方面的内容，建筑年代虽然也是建筑史必然涉及的问题，但由于建筑师在进行建筑创作时，并不需要精准的古代建筑时空尺度，所以，建筑史对于建筑年代问题，也缺乏深入探讨的动力，纵然有少数建筑史学者曾致力于此，但学科的局限，依然使建筑史学的建筑年代研究，无论在成果

还是方法上，均未能有效突破营造学社时期所取得的成就。

我国文物部门的古建筑保护研究机构，主要任务是勘察、评估和以工程手段修缮古代建筑，其学术也大体源自建筑学、工程学领域，在建筑年代研究上，承袭营造学社成果，如祁英涛先生提炼营造学社成果和方法编写的《怎样鉴定古建筑》一书，成为文物系统古建部门广泛采用的古建筑断代手册。

由于1952年中国高等院校进行了学科分类调整，原综合性大学被切分为专门性大学，理工和人文学科就此分离，在不同学校内发展，例如，清华大学的历史学并入北京大学，而北京大学的建筑学并入清华大学，专门性大学的优势在于单一学科可聚焦发展，劣势则在于加深了学科之间的壁垒，加大了学科之间进行交流碰撞、融合创新的难度。对建筑史学这种特别需要多学科融合的学科来说，不利影响尤为突出。

虽然院系调整后，我们仍可以看到建筑史与历史学、考古学在一定程度上的交流，但基本已是成果层面的交流，例如，最常见的是考古成果被建筑史研究所引用，但是，学科间普遍缺乏研究理论和方法的交流，工作过程中的交流亦凤毛麟角。那么，建筑史所引用的考古成果是如何获得的？解读是否真实可靠？在缺乏工作层面及理论方法交流的情况下，建筑史学家难以辨析其所引用的考古成果的可信度，而不能对研究史料进行有效辨析，是史学研究的大忌。因此，仅从学理上分析，长期以来，建筑史依靠考古成果所进行的研究，大多只能停留在点到为止的水平，或立论于不充分的考古材料之上，所以其成果的价值，也就难以超越营造学社在四川地区以一手考古材料所取得的研究水准。

北京大学宿白先生，于20世纪50年代撰写的考古报告《白沙宋墓》，结合了建筑史、美术史的学者参与其研究工作，加之宿先生具有深厚的考古学和历史学素养，使《白沙宋墓》成为跨时代的学术典范，或许，正是相关学科长期泾渭分明的时代背景，造就了基于多学科综合研究的《白沙宋墓》至今仍难以被超越的现实。

20世纪50年代至今，在文物部门主导下，我国共进行了三次全国不可移动文物普查，加上1949年以前营造学社的古建调研成果，构成了我国当前官方公布的文物建筑年代成果。如前所述，这些涉及各级文保单位的建筑年代成果，基本出自于营造学社的研究方法，即建筑史学的古建筑断代方法。从本人及研究团队对晋东南地区宋金建筑、晋西南地区宋金元建筑、北京明清官式建筑等建筑年代分期研究结论来看，官方所公布的古建筑朝代，在某些地区和时期内，存在20%～30%的错误，且不仅仅是早期建筑，明清官式建筑也存在不少朝代误判的现象。

出现此类问题的原因，恰是学科研究目的和学科壁垒的局限所致，建筑史学的断代方法，未能在继承营造学社的方法基础上，进一步更新优化，未能吸收借鉴考古学不断发展的研究理念和方法，且逐渐失去了早期建筑史学者较为扎实的历史学功底。或许，本人对《营造法式》镂版年代的研究，可说明建筑史学已长期疏于历史学探析的问题。

综上所述，建筑考古学，实际是考古学与建筑史学的交集，即考古学中不以建筑遗址为研究或发掘对象的部分，建筑史学中不以文物建筑历史存在的客观真实性为研究对象的部分，皆不属于建筑考古学的范畴。

基于我国古代建筑断代精度不高的现实，当前建筑考古学的主要研究任务是，根据中国古代建筑遗存的类型和特点，综合相关学科研究优势，提出适合中国建筑遗存的形制类型学研究方法，解决因学科分野而产生的建筑年代问题，建立尽可能精确的建筑形制时空框架。

三、北京大学建筑考古学研究现状

目前，北京大学考古文博学院文物建筑专业，经过近20年的学科建设，已完成了建筑考古学的基础理论和基本研究方法的建设，形成了一批建筑形制区系类型学研究成果，并运用建筑研究成果，参与考古遗址的发掘和复原研究，初步形成了建筑考古学研究的完整体系。

在建筑形制类型学理论方法建设方面，提出了"同座建筑原构共时性原理"，依据这一原理，研究者在一个已完成建筑形制分期研究的地区内，可以通过解析待鉴定建筑的原构和非原构形制，框定其始建年代区间和各次修缮年代区间，揭示建筑的层累关系，辅以相关文献研究，则可以尽量精确地确定建筑始建年代，以及详细还原建筑的更迭演变历程。

运用以上方法所能取得的古建筑断代精度，可用北京大学考古文博学院在晋东南、晋西南地区所进行的建筑考古研究为例加以说明。

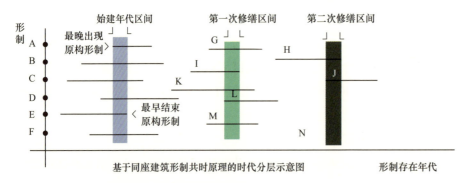

以建筑形制考古类型学研究建筑修建史的原理图

山西万荣稷王庙大殿

1. 晋西南建筑断代案例

在万荣稷王庙建筑考古研究中，首先以晋西南地区的木构及仿木构标尺形制，对该地区的一批宋金建筑形制进行了分期研究，以此成果对万荣稷王庙大殿的原构形制进行了断代，得出万荣稷王庙大殿的始建年代区间为北宋中前期，下限不晚于熙宁（1068～1077年），否定了第五批国保所公布的该处为"金代"建筑的结论。

2011年，北京大学文物建筑专业在国家文物局指南针计划的资助下，对万荣稷王庙大殿进行了精细测绘，在精细测绘研究中，分别选取原构和非原构形制采样，进行了 ^{14}C 测年和树种鉴定，同时，对寺庙进行了考古勘探，并用精细测绘所获得的大量数据进行了营造尺复原研究，以上研究结论，均指向该座建筑和寺庙格局的年代不晚于北宋，同时，在测绘中，北大团队于万荣稷王庙大殿的襻间枋上发现了北宋"天圣元年"（1023年）的题记，且题记年代与形制断代的区间相吻合，题记年代距离形制断代区间下限年代仅为40余年，此误差小于目前 ^{14}C 测年所能达到的 ±50年的理论误差值。

2. 晋东南建筑断代案例

2007年，北京大学文物建筑师生在山西长子进行了早期木构建筑教学测绘实习和考察，依据2003年对晋东南地区五代宋金建筑形制的分期结论，对韩坊尧王庙大殿进行了断代，结论为金代中后期。2009年，北京大学文物建筑专业受长子县文物局委托，为长子县编制了申请第七批全国重点文物保护单位申报书，其中，对韩坊尧王庙大殿的年代鉴定明确为：金代中后期。此后，残破的韩坊尧王庙经历了大修，在大殿换下的一根乳栿的上皮，保存着金代的创建题记，年代为金明昌五年十月（1194年），此题记年代与形制断代所给出的金代中后期的区间相符，并可确认2007、2009年所做形制断代的最大误差在30年之内。

除山西南部地区外，北京大学文物建筑研究团队，运用所创立的建筑考古学研究方法，还对四川、山东、河北、河南等地的木构建筑、仿木构建筑、仿木构砖石墓、石窟寺中的仿木构因素、墓葬中的建筑史料等，进行了分期分区研究，得出了一系列研究成果。

以上研究，建立起部分地区较为精细的建筑形制（包括仿木构建筑形制）的时空框架，进而探讨相关地区建筑形制的区系类型、渊源流变，为进一步的历史学研究奠定了基础。

山西长子韩坊尧王庙乳栿题记

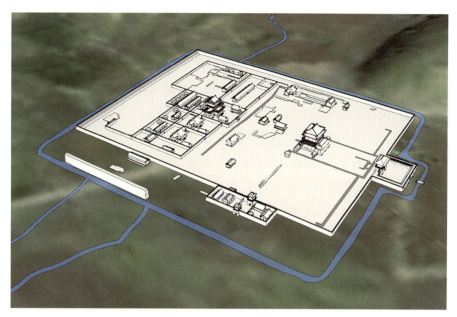

河北崇礼太子城遗址复原示意图

　　在文物建筑全面认知的基础上，自2016年开始，我们逐步将文物建筑的整体认知与建筑遗址的考古工作结合起来。截至2021年，在配合建筑遗址考古发掘和遗址建筑复原研究方面，北京大学文物建筑专业与相关考古部门密切合作，已在重庆钓鱼城范家堰遗址、河北崇礼太子城遗址、浙江绍兴兰若寺遗址、宋六陵、金上京、栎阳城等处，开展了多项建筑考古复原研究。

　　我们改变了以往建筑学者与考古学者仅限于成果交流的研究模式，强调建筑研究者介入考古发掘现场，参与遗迹、遗物的辨识和整理，运用建筑知识发掘遗址信息，将建筑遗址复原的阶段性成果，作为指引进一步考古发掘的线索和待验证问题，在考古发掘过程中，形成多学科合作研究的动态推进。同时，我们提出了运用文物建筑专业所掌握的精细测绘记录方法，尽可能全面记录考古遗址发掘中的各阶段信息，提出了"考古遗址数字化可逆"的概念，改变了以往考古遗址一经发掘，本体消失，成果无法校验辨析，影响后续研究深度的问题。

　　经过多处考古工地的实践，上述理念得以部分体现，取得了良好的效果，为建筑史学和考古学的深度融合，协同创新，探索了途径。

四、建筑考古学对建筑遗产保护的价值体现

　　尽可能准确地判断建筑遗产的历史价值，是建筑遗产保护工作的基

础与成败的关键，而历史价值离不开年代研究，在建筑遗产价值体系的建构过程中，研究文物建筑精细时空信息的建筑考古学，显然能发挥关键性作用。

再以万荣稷王庙为例，试论建筑考古学研究成果对建筑遗产价值的提升作用：

万荣稷王庙，官方公布为金代建筑，万荣稷王庙大殿为面阔五间、进深三间的单檐庑殿顶建筑，若为金代，则在国内现有遗存中，不具唯一性，也非体量最大者。但经建筑考古研究将其年代改为北宋，则成为国内已知唯一的北宋庑殿顶建筑遗存，其历史价值无疑将因此而大幅提升。

在研究价值上，若万荣稷王庙大殿为金代建筑，则其为《营造法式》海行颁布后的实例，但建筑年代改为天圣元年后，早于《营造法式》镂版81年，其上原构形制的年代由《营造法式》之后变为《营造法式》之前，这一颠覆性改变，将对认识中国唐宋时期建筑的流变产生巨大影响，对《营造法式》所记录建筑形制的渊源研究产生巨大影响。年代的改变，也彻底改变了这处建筑遗产的研究价值和史料地位。

建筑年代的改变，对该处建筑的历史解释，也将有所不同。如，在建筑考古研究中，研究者利用精细测绘所获得的大量数据推算，得出万荣稷王庙大殿营造尺的最大可能值为31.4厘米，此亦北宋官尺长度。宋真宗朝，在今万荣境内扩建了一处规模宏大的寺观——汾阴后土祠，据《宋史》卷一〇四，大中祥符三年（1010年），真宗皇帝下旨"明年有事于后土祠"，令一干重臣准备，并建后土坛。宋史中详细记载了一系列建置的具体尺寸，大中祥符四年（1011年）二月，真宗至汾阴祭后土。而在此后

讲座现场

讲座现场

仅十余年兴建的万荣稷王庙，无论时间上还是空间上，都与北宋官建的汾阴后土祠相距不远，那么，万荣稷王庙所使用的北宋官尺，是否证明了北宋官方营造制度对民间建筑活动的影响？万荣稷王庙是否是一座见证了北宋中前期社会运行机制的建筑？

再从考古角度看，如未来对北宋时期的汾阴后土祠遗址进行考古学研究，即可用获得于万荣稷王庙大殿上的尺长校验遗址的相关尺度，如能与文献对应，则可在很大程度上落实上述推论。

综上，此例体现了建筑考古学的形制年代研究成果应用于价值分析、考古遗址和相关历史研究时的多种可能性。万荣稷王庙大殿的年代更改，并不简单停留在具体时间的变化上，而会带来建筑遗产价值的系统性改变，使我们对建筑遗产的整体价值产生不同的判断，而建筑遗产上的历史信息，也将会因时间的改变，产生不同的历史阐释和不同的研究呈现。

五、结　　语

当我们面对一处建筑遗产，希望以建筑遗产保护的手段，使她得以保存和延续时，我们应该首先自问，我们要保存和传承的，究竟是什么？如果我们不能很好地回答这一问题，实际上，我们将不会知道，我们付诸行动的后果，究竟是保护还是破坏。而建筑考古学，正是那把解开命题之门的钥匙。

文明的碎片与乡土的中国——谈考古学研究
与中学历史教育

郑君雷

中山大学社会学与人类学学院

讲座时间： 2021年10月19日（周二）下午14：30~16：00
讲座地点： 三门峡市第二中学多功能厅

巍巍中华疆土辽阔、海洋深邃，地不爱宝、龙王献珠，重大考古发现层出不穷，考古学研究著述精彩纷呈，这些考古成果极大地丰富乃至更新了对于中国文化、中华文明和世界历史的既有认识，考古成果进入中学历史课堂的必要性及其意义也益发突出，教育部适时制定"中华文明探源工程"研究成果进入大中小学教材的工作方案即很有代表性。《光明日报》2018年05月29日04版《探源工程实证中华大地五千年文明》（记者李韵等）报道，"教育部制定'中华文明探源工程'研究成果进教材工作方案，组织统编《历史》和大学《考古学概论》等大中小学相关教材编写组认真学习理解'中华文明探源工程'研究成果及价值，并与现行教材内容进行比对。目前，初中统编历史教材的修改方案已经确定，统编高中历史教材和高校《考古学概论》则正在编写修订中"。

习近平总书记在中央政治局2020年9月28日第二十三次集体学习中指出，考古工作是一项重要文化事业，也是一项具有重大社会政治意义的工作。我国考古工作取得了重大成就，延伸了历史轴线，增强了历史信度，丰富了历史内涵，活化了历史场景。中华文明同世界其他文明互通有无、交流借鉴，向世界贡献了深刻的思想体系、丰富的科技文化艺术成果、独特的制度创造，深刻影响了世界文明进程。中华民族形成了伟大民族精神和优秀传统文化，这是中华民族生生不息、长盛不衰的文化基因，也是实现中华民族伟大复兴的精神力量，要结合新的实际发扬光大[1]。为了在中学历史教学中更好地体现这些内容，我认为，在教材编写层面，有必

---

[1] 习近平：《建设中国特色中国风格中国气派的考古学　更好认识源远流长博大精深的中华文明》，《求是》2020年第23期。

要吸收考古学者参加；在教师层面，有必要通过培训等方式了解考古学知识体系；在课程教学层面，有必要补充教材以外的考古学知识点；在学生层面，有必要通过参与当地文化遗产保护等社会实践活动培育家国情怀，多措并举，从而更好地认识源远流长、博大精深的中华文明，实现中学历史教育的初衷。

考古学是一门通过古代遗存来研究古代文化及其文化史的学科（张光直先生语），研究对象是古代人类通过各种活动遗留下来的实物，也包括与人类活动有关的自然遗物，涉及人文科学、社会科学、工程技术科学的诸多领域，更不排斥文献资料的使用。考古学作为一门外来的、开放的却又极度本土化的学科，作为一门未必成熟、较为边缘化却是在人文社会科学内部最为科学化、规范化的学科，作为一门文理工交叉、基础学科与应用学科属性兼具的"四不像"学科，作为一门封闭在学术象牙塔内却经常与社会热点、文化热点联系在一起的学科，作为一门经常有震撼性发现甚至颠覆性认识的学科，体系恢宏，从调查、勘探、发掘、整理到编写报告、撰写论文乃至产生学术争鸣，专业性很强，特别是其话语表述方式与人文社会科学的其他学科存在隔膜，行业外很多人常说"看不懂"。2011年考古学成为历史学门类下与中国史、世界史并列的一级学科，固然是学科发展的必要，也与其学术体系的独立性、专门化有关，在中学历史教学中及时、准确、深刻地吸收、消化考古成果委实不易。

我的博士研究生高移东注意到，教育部编审《中国历史》（七年级上册，人民教育出版社，2016年）教材中两幅插图的名称似可商榷，其一是第4课的"戴枷奴隶陶俑"（第22页），其二是第四单元第19课的"北魏陶俑"（第95页）。例一安阳小屯的9件陶人出土在灰坑或探沟中，无关乎陪葬、殉葬，属于生活废弃品或祭祀品，陶俑的出现则迟至东周，其性质、功能及时代均与作为明器使用的陶俑不符；而"枷"是颈上刑具，北朝方始定名，其形制及使用方式均不同于商代。例二西安草厂坡出土的此类梳十字形双环高髻的女性陶俑流行于十六国，与北朝早期戴突骑帽（鲜卑帽）陶俑的时代特征差别明显，宜称为"十六国时期陶俑"。他后来分别写成小文，在《殷墟"戴枷奴隶陶俑"的定名》文中改称"商代男（女）刑徒陶塑"，在《〈中国历史〉教材文物插图及文字说明辨误》文中还指出女俑的表演乐器并非文字描述的"西北民族的乐器、歌舞"，而"恰恰是汉民族乐器在十六国民族政权中的流行"。这两个小例子稍显极端，但就事论事，只是想说明考古研究有其复杂、特殊的一面，考古成果进入中学历史教材并不简单。

教育部编写的义务教育教科书《中国历史》（人民教育出版社，2016

年）、普通高中教科书（历史必修）《中外历史纲要（下）》（人民教育出版
社，2019年）、普通高中教科书（历史选择性必修2）《经济与社会生活》
和（历史选择性必修3）《文化交流与传播》（人民教育出版社，2020年）
引用了许多考古成果，粗读后主要有两点感受，好的一面是编写者精心设
计，较好体现了考古成果进教材的指导思想，但遗憾的是编委中似乎没有
考古学者。据前引《光明日报》报道，为反映中华文明探源工程的成果，
初中统编历史教材将在以下方面作较大修改：一是增补石峁文化、屈家岭
文化、宝墩遗址等知识；二是细化原有表述，如良渚遗址新发现的大型水
坝、城址等内容；三是更新一批图表，并采用部分新考古照片。本次修改
应该邀请了考古方面的专家学者，我呼吁，今后应该常态化地吸收考古学
者参与中学历史教材的编写、修订工作，抓住源头，以更好地发挥考古成
果进课堂的作用。

中华文明探源工程2004~2015年由科技部批复、国家文物局组织
实施，依托国家重大科技计划进行，2016年结项，在中华文明起源与形
成的背景、机制、阶段过程及其特质等方面取得了一批突破性认识。在
《光明日报》的报道中，教育部相关负责人透露初中统编历史教材的调整
将遵循以下原则，即更加强调原始农耕的发展为中华文明的产生奠定了
坚实基础，更加突出中华文明的起源和发展具有多元一体的特征，注意
补充工程的考古发现。如增加东胡林等8处遗址的材料，重新绘制"我
国原始农耕时代主要遗址图"，呈现西辽河、黄河、长江流域的考古发
现。又如在原始农耕的系统讲授中，概述我国原始农业的起源时间、地
域分布、兴起和发展的重要标志以及世界地位，列举浙江浦江上山、河
南舞阳贾湖、内蒙古赤峰兴隆洼等遗址，并明确指出我国是世界上稻、
粟和黍等栽培植物的起源地。

目前中学历史教师的教育背景主要是历史学专业、历史教育专业，很
少有考古"科班"。从前述修改内容上，能够见到教材中的考古学知识点
明显增多、知识体系大为扩充、知识内涵显著深化，论述逻辑更为紧凑，
考古成果所发挥的教育意义更加凸显。此外，历史教学中的考古元素也
体现在素质教育、科学教育、艺术教育等方面，更是爱国主义教育素材，
考古材料的历史价值已经融入艺术价值、科学价值乃至社会价值的各个
层面。这类修改，以及对于文化遗产价值和意义的多重解读，对教师的知
识结构提出了更高要求。为了充分发挥考古成果的教育功能，在教师层
面，有必要通过参加进修、培训、专题讲座、走进考古工地"参与式"体
验、在职攻读文物与博物馆专业硕士学位研究生等方式增加对于考古学的
了解。

现行中学历史教材采用的考古材料可谓丰富多彩，仅以普通高中教科书《中外历史纲要（上）》（历史必修，人民教育出版社，2019年）第一单元"从中华文明起源到秦汉统一多民族国家的建立与巩固"为例，仅第1课"中华文明的起源与早期国家"即选用了元谋人门齿化石、临潼姜寨聚落遗址复原图、牛河梁遗址红山文化祭坛积石冢、良渚古城城墙范围示意图、襄汾陶寺遗址墓地及2001号大墓、殷墟龟甲、何尊及"宅兹中国"铭文等考古材料。不过受教材主旨、体例和篇幅制约，其所选取的考古材料必然是碎片化的，甚至未必最具有代表性、典型性，因为考古学研究是一个不断深化、持续更新的认识过程，因此在课堂教学层面，有必要根据实际情况酌情补充教材以外的考古学知识点。

考古学是历史科学的组成部分，中学历史教师对考古学至少不陌生，对新近考古成果也有所关注。我觉得考古学知识点的补充可以"三结合"。首先是结合教师本人的阅读兴趣和知识积累，大可不必为此增添过多的额外压力；其次是结合时下的文化热点、考古热点，这些热点问题可以激发同学们的学习兴趣；第三是结合乡土考古材料，培养学生的家国情怀，所谓"乡土"不一定是狭义的，周边地区、所在省区的材料都可以增添同学们的亲近感。此外，我觉得有条件的机构可以尝试将教材中涉及的考古成果适当扩容，制作成比较系统化的影像、影视教学辅导资料，应该会受到欢迎。

《乡土中国》是费孝通先生的社会学名著，涉及中国传统乡土社会的人文环境、社会结构、道德体系、宗法礼俗、血缘地缘关系等问题的诸多方面。中国是在传统农耕社会基础上发展起来的文明古国，同时融汇着畜牧、渔猎、海洋等文明因子的深远贡献，借用"乡土中国"的概念，一则是希望说明教材中的许多考古成果其实是中国文化传统的物化表现，对于考古成果的多维度解读不能脱离乡土中国的社会情境，二则更是想表达教材选用的考古成果主要还是定位于宏观叙事，而"乡土"历史却具体、复杂且各具特性，各地区在历史发展的过程中也遗留了许多考古材料，不容忽略。普通高中教科书《中外历史纲要（上）》（历史必修，人民教育出版社，2019年）第一单元"从中华文明起源到秦汉统一多民族国家的建立与巩固"第1课在"学习拓展"环节引苏秉琦先生《关于重建中国史前史思考》的一段话："相对于世界其他几大历史文化系统而言，中国文化是自我一系的；中国古代文化又是多源的；它的发展不是一条线贯穿始终，而是多条线互有交错的网络系统，但又有主有次。各大文化区系既相对稳定，又不是封闭的……中国文明之所以独具特色、丰富多彩、连绵不断，中华民族之所以能够形成一个统一的多民族国家并在数千年来始终屹立在世界的东方，都与中国文化的传统、中国文明的多源性有密切关系。"教材要求阅读这段话，查阅相关史前遗址的考古资料，考察其分布特点，就中华文明的多源性与统一性谈谈自己的认识。如有可能重心再下移到结合乡土考古材料展开思考，对于这个问题的认识必然更加深刻。

再以普通高中教科书《文化交流与传播》（历史选择性必修3，人民教育出版社，2020年）第9课"古代的商路、贸易与文化交流"为例。本课介绍了丝绸之路及欧亚大陆的草原丝绸之路、西南丝绸之路和海上丝绸之路等重要商路，在"古代商路上的中西文化交通"部分引用了茂陵博物馆藏汉代鎏金铜马、北票冯素弗墓出土鸭形玻璃水注、唐胡商牵骆驼俑、敦煌莫高窟第323窟初唐壁画"张骞出使西域图"和绘有身着丝绸妇女形象的古希腊陶壶、埃及福斯塔特遗址出土的北宋越窑青瓷片等考古材料，称得上琳琅满目。三门峡市位于丝绸之路两大起点城市洛阳、西安之间，得地利之先，可以很方便地补充相关乡土考古材料。又，2008年通过的《国际古迹遗址理事会文化线路宪章》标志着"文化线路"遗产类型的确立，2014年第38届世界遗产大会批准中国、吉尔吉斯斯坦、哈萨克斯坦联合申报的"丝绸之路：长安—天山廊道的路网"列入世界文化遗产名录，在"文化线路"的背景下结合乡土考古材料讲授丝绸之路课程，学生视野将大为开拓，教学效果可期。

引导学生参与当地文化遗产保护等实践活动也是利用乡土考古材料的有益教学方式。受"考古热"的影响，当下公众考古、博物馆游学、文物鉴赏等方面的文化需求明显增强，很多学生、家长对考古好奇，对参与当地文化遗产保护感兴趣。普通高中教科书《文化交流与传播》（历史选择性必修3，人民教育出版社，2020年）第六单元"文化的交流与保护"第14课"文化传承的多种载体及其发展"介绍了"博物馆的建设与发展"，第15课"文化遗产：全人类的共同财富"介绍了1964年通过的《国际古迹与修复宪章》和2017年通过的《世界遗产公约》。三门峡地处黄河"金三角"，该市及周边地区的历史文化资源非常丰厚，建有虢国墓地博物馆、庙底沟博物馆、仰韶村国家考古遗址公园等一批远近驰名的文化设施，文旅结合优势突出，这些课程可以结合宣传《中华人民共和国文物保护法》、参与地方文化遗产保护等社会实践活动以及考古遗址教学参观、博物馆调研、考古调查等教学实践活动进行。另，普通高中教科书《中外历史纲要（上）》（历史必修，人民教育出版社，2019年）安排了"家国情怀与统一多民族国家的演进"活动课，三门峡的中学历史教学具有创新性开展这类活动课的优越条件，在实践活动中精心设计各项教学环节，有可能打造出中学历史教学的样板课程、示范课程。

讲座现场

　　中国考古学会考古专业教育委员会委托我在第三届中国考古学大会期间进行一次公共考古讲座，临时受命，而且对中学历史教学不熟悉，感觉讲座的题目和内容之间有些脱节，想法也不成体系，纸上谈兵，请老师和同学们批评指正。

国之瑰宝：中国石窟寺艺术赏析

陈悦新

北京联合大学应用文理学院

讲座时间：2021年10月18日（周一）下午15：00～16：30
讲座地点：三门峡市陕州中学学术报告厅

一、中国石窟寺概览

石窟寺，是指在远离城市喧嚣、环境幽静的河畔山崖间开凿的佛教寺庙。许多石窟寺洞窟开凿密集，常有千佛洞之称。

石窟寺艺术是佛教艺术，其反映了佛教思想及其发生、发展的过程。佛教起源于古代印度，创始人是释迦族的乔达摩·悉达多，释迦牟尼则是佛教徒对他的尊称，意为释迦族的圣人。随着佛教文化的广泛传播，石窟寺艺术通过闻名于世的丝绸之路，由西向东逐渐传播到中国腹地。

中国石窟寺的题材内容以佛教为主，晚期也出现释、道合开的石窟寺以及道教模仿佛教而单独开凿的石窟寺，甚至还出现了儒家及其他宗教开凿的石窟寺。这些其他宗教的石窟寺数量极少，无法与佛教石窟寺相比拟。

中国石窟寺是集建筑、雕塑、绘画等艺术形式于一体的文化载体。根据2020～2021年国家文物局组织开展的全国石窟寺专项调查工作统计，全国现存石窟寺（含摩崖造像）共5986处。开凿时代从公元3世纪到16世纪，绵延不绝。中国石窟寺数量庞大、内容丰富。在我们幅员辽阔的国土上，石窟寺的开凿区域东渐于海、西延丝路、北及朔漠、南至滇藏，遍布全境。中国石窟寺艺术，体系完整、分布广泛、规模宏大、内涵深厚，是古代中国人民的智慧结晶，是中华优秀传统文化强大生命力的历史见证。

在目前中国的55处世界遗产名录中，石窟寺有：敦煌石窟、大足石窟、龙门石窟、云冈石窟，以及彬县大佛寺石窟、麦积山石窟、炳灵寺石窟、克孜尔石窟等。其中云冈和龙门石窟是北魏以及唐代的皇家工程，敦煌莫高窟延续千年，是中国石窟寺艺术的缩影，大足石窟则创造了中国石窟寺艺术最后的辉煌。这些石窟寺有着怎样的营造历史和艺术特点？享誉世界的"敦煌学"是什么？石窟寺雕绘内容反映了佛教创始人释迦牟尼前世和今生的哪些场景？让我们在富丽的石窟寺艺术中探寻答案！

二、云冈石窟——北魏的皇家工程

云冈石窟是新疆以东、最早有明确纪年的、由皇室开凿的大型石窟群，云冈石窟艺术风格对北朝时期中原北方的石窟产生了极大的影响。

从北魏道武帝拓跋珪天兴元年（398年）由盛乐（今内蒙古和林格尔县）迁都平城（今山西大同市）起，至孝文帝元宏太和十八年（494年）南迁洛阳为止，平城作为北魏都城近百年之久。

最早记载云冈石窟的是北魏郦道元的《水经注·漯水》："武州川水又东南流，水侧有石祇洹舍并诸窟室，比丘尼所居也。其水又东转，迳灵岩南，凿石开山，因崖结构，真容巨壮，世法所希，山堂水殿，烟寺相望……"唐道宣《续高僧传·昙曜传》则描绘了云冈石窟壮丽奇伟的风貌："龛之大者，举高二十余丈，可受三千许人，面别镌像，穷诸巧丽，龛别异状，骇动人神，栉比相连三十余里。"

云冈石窟位于大同西郊16千米处的武州山南麓、武州川水北岸。现存大窟编号45个，大小窟龛总数计1100多个，造像51000余尊。云冈石窟的开凿历史大约经历了三个阶段。

云冈石窟第20窟

云冈石窟第6窟内景东侧

第一阶段开凿的洞窟共有5个窟，位于西部东段，即第16～20窟，这就是由著名禅僧昙曜主持开凿的"昙曜五窟"。《魏书·释老志》记载云冈石窟的开创经过："和平（460～465年）初……昙曜白帝，于京城西武州塞，凿山石壁，开窟五所，镌建佛像各一，高者七十尺，次六十尺，雕饰奇伟，冠于一世。"洞窟东西毗邻，规模宏大。学术界大都认为是昙曜为太祖道武帝以下五帝所造，窟内主尊佛像是"令如帝身"的模拟像。洞窟平面形制为马蹄形，窟顶穹隆式，仿鲜卑游牧生活的穹庐形制。各窟正壁主佛形体高大，占据窟内主要位置。

第二阶段集中在中部和东部，即中部第5～13窟和东部第1～3窟。开凿年代约在北魏迁都洛阳前的献文帝和孝文帝时期（471～494年）。洞窟形制以方形窟、中心柱窟为主，多具前后室。成组的双窟和模拟汉式传统建筑样式是这阶段洞窟最显著的标志。这一时期洞窟雕刻日趋富丽，窟内雕像琳琅满目，雕刻手法精湛，技艺高超。

第三阶段洞窟主要集中在西部。开凿年代在北魏孝文帝迁都洛阳前后至北魏正光四年（494～523年）。这一时期，随着政治中心的转移，大规模的开窟造像活动随之转移到了龙门石窟。云冈石窟则由一般官吏和世俗善信继续进行开凿活动。洞窟规模都比较小，内容简化。

三、龙门石窟——北魏和唐代的皇家工程

太和十八年（494年），北魏孝文帝从平城迁都洛阳，此后古都洛阳再次成为中国政治、经济、文化和对外交流的中心。

龙门石窟位于洛阳南郊12千米伊河两岸的山崖间，现有编号窟龛2345个，造像10万余躯，碑刻题记2780品，佛塔40余座。龙门石窟是都洛阳时的北魏皇家工程。

《魏书·释老志》记载："景明（500～503年）初，世宗诏大长秋卿白整准代京灵岩寺石窟，于洛南伊阙山，为高祖、文昭皇太后营石窟二所。初建之始，窟顶去地三百一十尺。……至大长秋卿王质，谓斩山太高，费功难就，奏求下移就平，去地一百尺，南北一百四十尺。永平（508～512年）中，中尹刘腾奏为世宗复造石窟一，凡为三所。从景明元年至正光四年（500～523年）六月已前，用功八十万二千三百六十六。"

宾阳三洞是龙门最典型的魏窟，学界一般认为宾阳三洞即是宣武帝"准代京灵岩寺石窟"，仿自云冈石窟模式而开凿的。三窟南北并列，窟前

美国大都会艺术博物馆展厅中的龙门石窟宾阳洞"皇帝礼佛图"

斩山而形成宽阔平台。

三洞中仅宾阳中洞完成了工程，窟顶穹隆形，浮雕莲花和帐饰。窟内三佛组合，正壁一佛二弟子二菩萨五尊像，两侧壁各一佛二菩萨三尊像，前壁皇帝和皇后礼佛图。造型清丽的佛像和帝后礼佛图画面，进一步反映出石窟寺艺术的中国化进程。

"帝后礼佛图"浮雕人物密集，顾盼神飞，浑然一体，是中国艺术史上的杰作。令人痛心的是"帝后礼佛图"在20世纪30年代被盗，现分藏美国大都会艺术博物馆和纳尔逊艺术博物馆，壁面上只留下了那些无法抹去的斑驳凿痕，昭示着往日的无奈与屈辱。

不见壁上惊鸿影，百年漂泊意难平。如今龙门石窟研究院运用现代数字技术把流散的碎片和被破坏的原址进行数字缀合，"帝后礼佛图"即将通过数字化虚拟复原技术，完整地呈现在人们眼前。

龙门唐窟规模最大、雕刻最精的当数唐高宗主持修造的奉先寺"大卢舍那像龛"。根据《大卢舍那像龛记》记载：龛像为"大唐高宗天皇大帝之所建也"，咸亨三年（672年）武则天皇后出脂粉钱二万贯助营此工程，上元二年（675年）龛像竣工。该龛劈山而造，平面呈倒凹字形，摩崖敞口式。龛前三壁设坛基，坛上正壁雕高达17.14米的大卢舍那佛，两侧依次雕二弟子二菩萨二天王二力士像，造像的高度亦在10米以上。整组群雕布局严谨，主次分明，气势磅礴，是龙门石窟的象征。

四、敦煌莫高窟——中国石窟寺艺术的缩影

敦煌莫高窟坐落在甘肃省敦煌市东南25千米的鸣沙山东麓。敦煌是古代丝绸之路上的重镇，是佛教文化及其艺术传播的主要中转站。《魏书·释老志》记载敦煌佛教之盛况："凉州自张轨后，世信佛教。敦煌地接西域，道俗交得其旧式，村坞相属，多有塔寺。"

原存于莫高窟第332窟武周圣历元年（698年）李克让之《李君莫高窟佛龛碑》记载莫高窟营造历史："莫高窟者，厥初（前）秦建元二年（366年）沙门乐僔，戒行清虚，执心恬静，尝杖锡林野，行至此山，忽见金光，状有千佛，遂架空凿险，造窟一龛。次有法良禅师从东届此，又于僔师窟侧更即营建。伽蓝之起滥觞于二僧。后有刺史建平公、东阳王等各修一大窟，自后合州黎庶造作相仍，实神秀之幽岩，灵奇之净域也。"可知莫高窟最初的开凿在4世纪中期以后，北魏、西魏、北周、隋、唐、五代、宋、西夏、元诸代又相继开凿，形成了现在规模宏大的石窟群。

根据洞窟形制、题材内容和塑画特点的演变，莫高窟可分为四个大的

龙门石窟大卢舍那像龛

莫高窟唐代第45窟正壁

发展时期，即北朝，隋唐，五代、宋，西夏、元时期，前后延续了一千年，为我们保存了各个朝代的塑像和壁画，是中国石窟寺发展演变的一个缩影，成为世界上规模最庞大，内容最丰富，历史最悠久的佛教艺术宝库。

莫高窟得以闻名世界，缘于藏经洞的发现。清光绪二十六年（1900年），敦煌道士王圆箓在清扫第16窟甬道北壁时偶然发现藏经洞，其中保存了4~10世纪的写本、刺绣、绢画、法器等各类文物6万余件，包括宗教典籍、经史子集、官私文书、少数民族语言文字等，涉及古代历史、地理、政治、经济、文学、语言、民俗、音乐、科学技术等诸多领域，可谓"中古时期的百科全书""古代学术的海洋"。这一惊人的发现揭开了敦煌莫高窟的调查和研究工作的序幕，在世界上掀起了一股敦煌热，形成了一个以敦煌为研究对象的学术领域，被称为"敦煌学"。

1907年英国斯坦因、1908年法国伯希和等列强国家的文化间谍和强盗打着探险考古的幌子，纷纷来到敦煌盗窃历史文物，将藏经洞文物的精华部分掳掠而走。

新中国成立以后，莫高窟的调查与研究工作被全面纳入国家文化事业

大足石窟宝顶山九龙浴太子

建设当中，取得丰硕成果。2011年，大型考古报告《敦煌石窟全集·第1卷·莫高窟第266～275窟考古报告》出版，详细刊布了这些洞窟的文字、测图、照片等基础资料，将敦煌石窟的研究推向全面和深入。

五、大足石窟——宋代的世俗化石窟

唐宋时期，中原北方大部分石窟衰落，而四川大足石窟却异军突起，创造了石窟寺这一艺术形式最后的辉煌。

大足区位于重庆市西，石窟及摩崖造像遍布全区，石刻地点多达40余处，造像5万余躯，是唐宋时期最重要的摩崖石刻造像群。保存较完整的有北山、宝顶山、石门山、石篆山、妙高山、南山等处，其中北山和宝顶山摩崖造像最为集中，规模宏大，雕刻精美，是大足石刻的代表作。

宝顶山九龙浴太子图，是一处自然与人工完美结合的景观。其构思精妙，正面雕一大龙头，山顶清泉是通过龙嘴喷涌而出，为龙头下的裸身太子沐浴；太子坐于金刚台座，座前为一半圆形贮水池；大龙头上方有8个较小龙头，伸出崖面，互相对称。表现了释迦太子诞生后，九龙为他灌顶沐浴的场景。

宝顶山"父母恩重经变龛"和"大方便佛报恩经变龛"，都是表现儒

莫高窟第257窟九色鹿本生：救起溺人，溺人叩谢

家孝道观念的雕刻，反映出佛教吸收儒家思想，以迎合中国传统的伦理道德观念。

　　"父母恩重经变龛"刻出父母养育的十种恩德，真实反映了父母对儿女的深挚感情，具有浓厚的生活气息。这是根据中国僧人撰述的《报父母恩重经》雕刻的。"大方便佛报恩经变龛"雕刻六师外道谤佛不孝图、大

云冈石窟第6窟初转法轮

孝释迦佛亲抬父王棺图以及各种释迦及释迦前生行孝道的故事场面。

六、释迦牟尼的前世与今生

讲述释迦牟尼成佛前的故事，称为本生。这些故事大多是以古代印度、东南亚诸国优美的神话、童话、民间故事为底本，描述释迦牟尼的前生曾是普救众生、忍辱苦修的国王、太子、贤者、善神、天人或者是动物中的鹿王、猴王、象王、狮王等种种不同的化身。

莫高窟北魏第257窟西壁经典的九色鹿本生，是依据《佛说九色鹿经》绘制的。这幅横卷式的连环画描绘了八个情节，由左右两端开始，到中间结束。描述释迦前生为九色鹿，曾救一溺水人，其后在国王悬赏捉拿九色鹿时，溺水人因贪赏而告发九色鹿的所在，最终遭受报应的故事。

描写释迦牟尼一生教化事迹的内容，称为佛传，但是它的根据主要不是佛陀一生中真实发生过的事，而是一些神奇的传闻。

云冈第6窟的佛传故事雕刻最为典型。在塔柱下层四面佛龛的两侧与窟内四壁雕刻了33个内容连续的佛传故事，集中表现了佛陀从诞生、成长、婚姻，到出家、弘法等一系列具有标志性纪念意义的场面。

壁面连环画形式的浮雕画面，继承了汉代画像石的传统，但画面的布局富于变化，人物塑造的轮廓鲜明，线条简单劲健，显得古朴而又非常传神。故事中人物的装饰、发式等，以及殿阁、城门，都具有浓厚的民族风格。可以看出是在中国传统艺术基础上发展形成的作品。

"降魔成道"表现了佛端坐毕波罗树下，魔王波旬派众魔来怖，以阻

讲座现场

讲座现场

其成道的情景。用纷纷扰扰、丑态百出的魔众，更衬托出佛的庄严伟大，在艺术造型上是很成功的。"初转法轮"表现释迦牟尼悟道成佛后，向五比丘讲述他自证悟的真理。佛结跏趺坐讲法，佛座下正中刻三法轮，左右各伏一鹿。这第一次传法，佛、法、僧三宝俱足，标志着佛教的建立。鹿野苑作为初转法轮处，成为佛教四大圣地之一。

中国石窟寺艺术内涵丰富、底蕴深厚，是我国辉煌灿烂古代文明的集中展示，也是中华文明同其他古代文明交流互鉴的历史见证，更是人类物质文明、精神文明的集大成者，最能体现中华优秀传统文化。

元上都——一座拥抱着巨大文明的废墟

魏　坚

中国人民大学历史学院　中国人民大学北方民族考古研究所

讲座时间：2021年10月19日（周二）上午9：20～10：50

讲座地点：三门峡市外国语高中学术报告厅

在内蒙古自治区锡林郭勒盟正蓝旗东部的金莲川草原上，至今仍保留着一座雄伟的古城遗址，这就是沉寂了六百余年的草原国际大都会——元上都。

元上都遗址，位于正蓝旗上都河镇东北20千米处，地处滦河上游闪电河（上都河）北岸水草丰美的金莲川草原上。其地北依龙岗，南临滦河，史籍赞其城"龙岗蟠其阴，滦江经其阳，四山拱卫，佳气葱郁"（王恽《中堂事记》，《秋涧集》卷八十）。每当夏秋季节，闪电河水蜿蜒曲折，金莲花遍野盛开，自然景色十分优美。元代诗人就有"牛羊散漫落日下，野草生香乳酪甜"（萨都剌《上京即事五首》，《雁门集》卷六）的生动描写。

1251年，蒙哥汗在漠北即位，命其弟忽必烈总领"漠南汉地军国庶

元上都城南的金莲川草原（由南至北）

事"(《元史》卷四《世祖记》一)。忽必烈南下驻帐于滦河上游的金莲川地区,广征天下名士,建立了著名的金莲川幕府。1256年,命刘秉忠选择桓州东、滦水北建城郭,三年建成,初名开平府。1260年,忽必烈在此登基,继蒙古汗位,建元中统,这里遂成为临时都城。

1260年冬季,在哈刺和林过冬的忽必烈,已经清醒地认识到,通过几千里的草原、戈壁把中原地区的粮食和各种物资运到漠北,以保证庞大的中央机构、军队及迅速增长的都市人口的基本生活需要,实在是件很困难的事情。同时他也意识到,大蒙古国的统治基础,已经在中原地区奠定,他要做的是一个堂堂正正的中国正统王朝的皇帝。于是,代表大多数人意见的汉人谋士郝经实行两都制的建议,得到了忽必烈的赏识。中统四年(1263年)大都(今北京)建成,遂将开平府改名为上都,也称上京、滦京,这里便成为和元大都并列的草原都城。以大都为正都,是加强蒙古政权在中原的统治,确立正统中原王朝地位并进而统一全国的政治需要;以上都为夏都,则可以北控大漠,南屏燕蓟,通过定期的巡守以联系漠北的蒙古宗王和贵族,稳定内部,保持蒙古旧俗,对蒙古民族的发展具有极重要的意义。元上都是北方游牧的蒙古族掌握政权后,在草原上建立的第一座真正意义上的帝国都城。

一个在中国北方草原勃然兴起的蒙古大帝国,没有一个固定的都城,这对于习惯于定居生活和王朝统治的中原人士来说,是不可思议的事情。元上都就是忽必烈在听取众多汉人谋士的建议后,顺应历史的发展而命刘秉忠主持修建的。

元上都的城垣建筑分为宫城、皇城和外城三重,其中宫城位于皇城正中偏北处,与皇城呈"回"字形。宫城为长方形,南北长605米,东西宽542米,墙两侧均用青砖包砌,四角建有角楼。皇城位于外城的东南部,大致呈方形,每边长1400余米,墙体两侧用自然石块包砌,四角建有高大的角楼,内侧建有斜坡状登城的踏道。外城则是在皇城的西、北两面,由皇城的东、南两墙延伸修筑而成,平面呈方形,每边长2200余米,从皇城城墙延筑部分全都用黄土夯筑。

1275年,意大利著名旅行家马可·波罗曾来到元上都,受到忽必烈皇帝的接见。《马可波罗行记》中,留下了许多关于元上都的记录。书中写道:"内有一大理石宫殿,甚美。其房舍内皆涂金,绘种种鸟兽花木,工巧之极,技术之佳,见之足以娱人心目。"

元上都作为元王朝的重要都城,其军事防御体系十分完备,在城外四周的山头上,一般都建有预警的烽火台。外城墙外四周挖有宽约26米的护城河,并筑有石堤护坡,以防坍塌。皇城的墙体外侧用石块筑有凸出于

元上都遗址全景（由西北至东南）

墙体的24个梯形马面。

元上都现存有13门。其中宫城有东、西、南3门，不设瓮城。皇城东西各2门，南北各1门，共6门；外城4门，其中北墙2门，西、南墙各1门。城门外均建有方形或马蹄形瓮城，现今还保留有城门楼的石柱础。元上都瓮城门的建筑十分有趣，凡东西向的瓮城门均为马蹄形，东西出而折向南开；南北向的瓮城门则略呈方形，并与城门相对，南北直开。城门虽大部因元末明初的战争而进行过封堵，但原建的迹象仍十分明显。这或许反映了元朝在具有强盛国力的前提下的一种无所畏惧的精神，抑或是表现了游牧民族跃马驰骋的豪迈气概。

元上都的外城，分为北部的"北苑"和西部的"西内"两部分，中间从外城西门北侧向东到皇城北门西侧，以一道夯土墙隔开。外城北部位于皇城北门外的高阜之处，地势平坦。在中央部位略偏南处，见有一处大型院落，呈不规则长方形，南墙正中设有院门，院内十分空旷，这也许就是当年栽培奇花异草和驯养珍禽异兽，以供宫廷观赏游玩的皇家园林所在地，即文献所指的御园或"北苑"所在，此外不见其他建筑遗迹。

外城西部位于皇城西门之外，在靠近外城西门及南端，有纵横的街道和店铺建筑，与外城西关外的街道和店铺似可连成一片。从现今地表仍可见到纵横的街道和较小的建筑遗迹和院落，我们似乎看到了当年繁华的市井、错落的商号和商贩沿街叫卖的景象。考古调查发现，在外城西部北端的东西隔墙南侧，有一平坦的直径达160余米的圆形高阜之地，与周边的围壕高差50~80厘米。元代诗人曾经盛赞的棕毛殿，或许就位于此处。马可·波罗描绘它是用竹子作梁架，以金漆缠龙绕柱，劈竹涂金作瓦，殿内壁画花草百鸟，外用彩绳牵拉固定，高达百尺，广可容数千人同时进餐，故也称作"竹宫"。当时在上都举行的各种宴会中，规模最大，费用最多的"柞马宴"，就在棕毛殿举行。每逢宴会，王公贵族宿卫大臣均要穿皇帝亲赐的"质孙服"赴宴。"质孙服"就是衣冠颜色完全一样的服饰，因而"柞马宴"也称作"质孙宴"，一般要大宴三天，每天换一套服饰。可见当时上都宴会的空前盛况。

元上都的皇城居于外城的东南部，环绕宫城而建。墙体也用黄土夯筑，但两侧墙表面全部用石块包砌，石灰勾缝，在墙表皮与夯土之间混筑一层厚约1米多的残砖碎石，墙体十分坚固。在墙体表面还砌有流水的沟槽。皇城四角的角楼呈圆台状，高大壮观，高约10米，角楼地表还留有石砌的建筑台基。在皇城四周墙外，每面建有6个梯形马面，东墙马面至今保存完整。皇城东西分别为东门和小东门、西门和小西门。皇城南门为明德门，北门可能为复仁门，与宫城南门御天门同位于南北中轴线上。巍峨耸立的石砌皇城，至今依然可见往日的风采。在元代诗人的笔下，"山拥石城月上迟，大安阁前避暑时"（《元诗选》二集，戊集），"往年饮马滦河秋，滦水斜抱石城流"（陈旅《安雅堂集》卷二），就是上都皇城壮观景色的真实写照。

皇城内街道宽窄相宜，主次分明，以通向六个城门的主街为干道，其

元上都明德门瓮城（由南至北）

元上都皇城东墙与马面（由北至南）

他小街在两侧纵横分布。皇城内设有许多官署、寺院和手工业作坊，但多数位置尚难考定。据史载和考古调查，大致可以确定的是位于皇城四角的四大寺庙。位于皇城东北角和西北角的两大佛寺为忽必烈时所建。皇城东北角的是大龙光华严寺，建筑规模宏大，分东、中、西三院。中院为主体，四周建有围墙，内有一周回廊式建筑，南门内侧两边建有对称的碑亭。西北角的乾元寺，分前后两院，前院外围有一周回廊式建筑，现今主体殿基和两处碑亭遗址和后院的一处十字形建筑及东西配殿，依然清晰可辨。建于蒙古世祖至元二年（1265年）的上都孔子庙，位于皇城东南角，有前后两殿，外有围墙，庙西还建有房舍，以待学习儒教的国子生，表明了元朝对孔子的尊崇。在皇城西南角与孔庙对应的一座寺庙建筑遗址，至今地表仍可见到露出地面的成排木桩，这是因当时建筑基址出水而打下稳固基础的，这处建筑或可能是元代所建开元寺也未可知。此外，皇城内东西两端还分别建有道观和回族寺庙。

蒙古族从成吉思汗时代开始对各种宗教的保护政策，在元上都也得到了很好的体现。上都城内自然就有了佛教、道教、伊斯兰教等各宗教并存的局面。各宗教派别为扩大自己的影响，经常发生激烈的冲突。1258年夏，忽必烈受蒙哥汗的委托，在新建的开平城主持了佛、道之间的一场辩论。双方辩论至黄昏时分，主持辩论的姚枢宣布道士失败，按照事先的协议，参与辩论的17名道士被送到刚建成的大龙光华严寺脱袍去冠，"削发为僧"，做了和尚。

元上都的宫城，墙体用黄土夯筑，外层先自地基开始铺四层石条，其上再以青砖平砌，在墙表皮与夯土之间夹砌一层厚约1.4米的残砖。宫城四角也建有角楼。宫城因北墙正中为高大的双阙式建筑，故无北门。元代诗人就有"东华西华南御天，三门相望凤池连"（周伯琦《近光集》卷一）的描述。南墙正中为御天，元人有"御天门前闻诏书，驿马如飞到大都"（胡助《纯白斋类稿》）的诗句。宫城内有40余处宫殿基址，除通向三门的丁字街外，街道布局不太规整。这可能是因为宫城内地势不平，间有水洼，不便对称布局，而是随地势和湖泊沼泽，错落分布；再加宫殿建筑互有先后，每群建筑又各有围墙，形成了一种自成体系、离宫别馆式的建筑特点。

上都城的宫殿，多见于史载，有名的如大安阁、穆清殿（阁）、水晶殿、洪禧殿、香殿、睿思殿、崇寿殿、仁寿殿、清宁殿、鹿顶殿等。其中大安阁是元军于1266年攻陷南宋汴京时，拆熙春阁迁至上都所建，高二百二十尺。元人有"大安御阁势苕亭，华阙中天壮上京"（周伯琦《近光集》卷一）的诗句，描绘了大安阁高入云霄的宏伟气势。元朝大多数皇帝都是在上都的大安阁举行登基仪式的。据《元史》载，阿沙布花曾随从忽必烈到上都，早朝时，因露水多而光着脚行走，忽必烈至大安阁望见，命门卫不许放其入朝，阿沙布花只好从墙下水道钻入。这一方面说明了在大安阁上可以居高远眺，同时也说明元上都有引排水的通道，而且夏季地湿而多露水。据民间传说：刘秉忠建城时，因地有龙池，不能排干积水，于是奏请元世祖与龙借地，当夜三更，雷声大作，龙王飞上了天，第二天便能以土筑城。

在三街相对的宫城中心发掘出了大安阁旧址。从出土的浮雕汉白玉龙纹角柱和石条地基及阿拉伯文石刻上，我们似乎可以感受到当时宫阁辉煌、飞檐高耸的繁华景象，以及中西文化交流的盛况。

元上都宫城北墙正中的阙式建筑，现存高大的夯土台基，是宫城中一处最为高大宏伟的建筑，应该就是元代晚期最为重要的穆清殿的位置。在诸多宫殿基址上，现在仍可看到残存的汉白玉雕花石刻、粗大的石柱础、各色琉璃瓦构件，绿釉的龙纹瓦当、滴水以及砖雕和瓷片等。这使我们不难想见元上都当年金碧辉煌的雄姿。据元文宗至顺元年（1330年）的统计，上都路有民4万余户，近12万人，其中应有一半人居住在上都城区内，这在当时的北方地区，特别是草原城市中，应是人口非常集中的地区了。

元上都的四关范围十分广大，每一关厢地带都如上都城址一般大小。

元代诗人有"西关轮舆多似雨，东关帐房乱如云"（《元诗选》二集，戊集）的生动描述。现今的调查可见，东西两关的街道纵横交错，既有前店后院式的临街店铺，也有规模较大的几进式高宅大院，还调查确认了东关的广济仓和西关的万盈仓的位置。北关则是行殿和兵营所在，考古调查发现了成排的营房建筑遗址。在南关明德门外的发掘中，曾经揭露了东西相连的酒肆和客栈的遗址，证明了元代诗人"滦水桥边御道西，酒旗闲挂暮檐低"（张昱《塞上曲》，《张光弼文集》卷三）、"滦河美酒斗十千，下马饮者不计钱"（马祖常《车簇簇行》，《石田文集》卷五）描述的真实性。

在元上都城外西北方的龙岗下，有元代著名科学家郭守敬设计修筑的一道拦河大坝，名为铁幡竿渠。此渠由龙岗东侧山岗下向西至上都城西北方的哈登台敖包山下，南折沿城西关外至闪电河，全长约6千米，这是一项十分宏伟的排水工程。至今哈登台敖包之上仍留有当年的铁幡竿石基座。

此外，在元上都城东南的砧子山墓地，城北的卧牛石和一棵树墓地，分别发现了成片的元代汉人家族墓地和蒙古人的墓葬，说明当时的汉人和蒙古人是分开埋葬的。在砧子山墓地一座骨灰葬的石刻墓志上，刻有"上都小东关……黄得禄之位……"的字样，表明了此人居住在上都小东关的事实。另在一处葬有7个家族成员的墓地中，还发现了3个白种人个体，

元上都穆清阁基址全景

元上都铁幡竿渠北段拦洪坝及溢洪口（由西至东）

似乎反映了当时中西文化交流的繁盛。

1992年，在距元上都西北约35千米的羊群庙祭祀遗址，发掘出土了四尊比真人略大的汉白玉石雕人像，人像身着龙纹和团花半袖长袍，端坐于带扶手的圈椅之上，气度非凡，神态威严。而这一区域正是《元史》所载元代帝王祭天祭祖的场所，元代诗人就有"祭天马酒洒平野，沙际风来草亦香"（萨都剌《上京即事》，《萨天锡诗集》前集）的诗句。

纵观元上都及其周围地区所进行的考古调查和发掘工作，主要可以归纳为以下几点收获：

第一，元上都作为元王朝的夏都，是在兼容并蓄的基础上发展起来的。其在总体布局上，反映出多元开放、草原气息浓厚的个性，既具备了中原城市的传统模式，又明显地体现了蒙古族游牧生活的特色。上都的宫殿建筑可以分为三组：第一组是以大安阁、穆清阁和水晶殿等汉式殿阁为主体的建筑群，主要分布在宫城大内；第二组是以棕毛殿为主并包括一些附设帐幕在内的以宫帐建筑为特色的失剌斡耳朵，位置在西内；第三组是拥有诸多行殿的伯亦斡耳朵草地行宫，应当在上都城南的南屏山中。此外，还有分布在皇城之内的各类宗教、儒学等不同建筑风格的殿阁庙宇及御花园，在上都城融为一体，相映成趣，构成了上都建筑的特色。

第二，元上都三重城垣和城内主要建筑的构筑是在不同阶段相继完成的。最早的开平城，可能只是按照内外两重城垣设计和营建的，而且当是先建宫城城垣和宫城内的部分宫殿楼阁，以及宫城外的大龙光华严寺和孔子宣圣庙等寺庙建筑；石块包砌的皇城和外城城垣的最后建成，则可能是开平升作都城和大元王朝建立之后逐步完成的。因此，由于每重城垣功用

元上都羊群庙二号祭祀遗址石雕像

的不同，皇城成为全城军事防御的重点；宫城中的建筑亦因不是一次性布局，而没有对称的左右配置，中轴线两侧的诸多宫殿建筑，采取了随形就势、自成一体的离宫别馆式的建筑形式。对以万安宫为主要建筑、城市布局较为随意、辅以四季离宫的蒙古都城哈喇和林城和以三重城垣相套、讲究对称布局、城市功能齐全的元大都来说，元上都是蒙古汗国草原都城向中原王朝完备的帝国都城过渡的重要中间环节。

　　第三，元上都面积广大的四关是上都城的重要组成部分。调查发现的官署、仓址、大型院落、驿馆、店铺、民居和兵营等几类遗存，在每关的分布既相互关联，又各有侧重。规模较大、布局规整的官署遗址基本位于每关的北部地区；粮仓等重要建筑均建在东、西关的高阜之处；在西关的南部和南关的御道两侧，则主要是商肆店铺和酒店客栈等建筑；东关外是以大型的住宅和官府驿馆为主，东关南部则是范围较大的普通居民的住宅区；北关基本不见商肆和民居建筑，在铁幡竿渠内侧建有规模宏大的兵营、行殿和仓址等建筑基址。元上都的四关与上都城的政治、经济生活息息相关，是上都百年历史最真实的反映。

　　第四，元上都周围发现的墓葬表明，元代的蒙古人和汉人是分开埋葬的。墓葬形制的差别和随葬品的多寡，反映出墓主人身份的贵贱。开平修筑之初，城区周围就聚集了大量的汉人工匠和付出劳役的人群。随着元朝

讲座现场

两都制的确立，上都城的增建和维修，就成了这座草原都城每日不可或缺的事情，而固定的两都巡幸制度又使它的经济生活具有鲜明的季节性。上都的汉人大部居住在城关地带，主要是为宫廷付出劳役和当差，还有一部分汉人和色目人应当是在上都城从事商业贸易和手工业生产。城市周围发达的畜牧业和畜产品的加工，也给城市生活以深刻的影响。带有浓厚游牧射猎文化色彩的蒙古人的墓葬，反映了游牧在上都城区周围和远郊的蒙古人，当属于不同机构管辖，身份亦有所不同的牧民。

第五，羊群庙祭祀遗址的发现与研究，是元代考古的重要收获之一。羊群庙地区，应当是元代皇家贵戚祭天、祭祖之地。由椭圆形石筑围墙、

讲座现场

方形阶梯状祭台、汉白玉石雕像及亭阁式附属性建筑组成的羊群庙祭祀遗址，反映了元代蒙古上层贵族祖先崇拜的思想。羊群庙的石雕像是属于蒙古民族偶像崇拜的重要内容，应源于蒙古高原历史悠久的"鹿石文化"；其右手握杯于胸前的形态与6~9世纪突厥人的石雕像有着密切的渊源关系，是蒙古民族万物有灵观念支配下的偶像崇拜，是与突厥人"石刻文化"融合与碰撞的产物。依据文献资料分析，羊群庙奎树沟一带发掘的4处大型祭祀遗址，应是元代权臣燕铁木儿三代祖先的宗庙和燕铁木儿本人的生祠所在地。

在元王朝不足百年的历史上，元上都古城从1256年始建，到1368年毁于元末战争，一共存在了112年。至今保存完整的三重城垣和诸多湮没在荒烟蔓草间的建筑遗迹，为我们留下了弥足珍贵的文物资料。正如法国著名史学家勒内·格鲁塞所言：这是一座拥抱着巨大文明的废墟！

年方几何？浅谈考古测年

吴小红

北京大学考古文博学院

讲座时间： 2021 年 10 月 19 日（周二）上午 10：00～11：30
讲座地点： 三门峡市实验高中五楼大会议室

  年代问题是考古研究中的关键问题，为了解决这个问题，考古学家和科学家们采用了许多方法和手段。比如按照地层上下叠压和对文物依照类型排队的方式，确定时间的早晚关系，这是相对年代；还可以用一些自然科学的方法来确定年代，比如用放射性衰变的方法等，这里有 ^{14}C 年代方法、热释光和光释光年代方法等，这样产生的年代被称为绝对年代。合理地使用相对年代和绝对年代，两种年代相辅相成，可以为古代事件、文物等提供可靠的年代依据。

  为了更好地理解考古年代研究的过程，我们先从考古学的定义谈起。什么是考古学呢？考古学是通过研究古代人类活动所遗留下来的实物遗存，达到复原古代社会历史的目的。我们可以从考古学的定义里面看到考古学的几个基本要素，首先是与人类活动相关，其次是实物遗存，最后是古代社会历史。也就是说，考古学的研究对象是古代人类活动遗留下来的实物遗存，它的研究目的是复原古代社会历史。因此从大类来看，考古学属于人文学科，与人类社会历史有关。但我们也要注意，考古学的研究对象是实物遗存，凡实物遗存就富含与物质相关的自然属性，所以人文的属性与物质的属性交叠在一起赋予考古学研究对象的自然与人文双重属性。考古学的研究手段必然要涉及文理交叉、多学科联合多种手段的应用。我们今天要探索的考古年代问题也不例外，不仅仅用到了考古人文背景信息——与地层学和类型学相关联的相对年代方法，也用到了许多自然科学手段，比如，树轮年代学、^{14}C 测年、热释光和光释光测年、古地磁测年、不平衡铀系测年、钾-氩和氩-氩测年、裂变径迹测年、电子自旋共振测年、黑曜岩水合层测年、Be-10 测年等。这么多的测年方法都是来自于自然科学领域，但最终解决的是考古年代问题。文理交叉、多学科融合在这里能被清晰地感受到。希望同学们不偏科，好好学习，打好基础，为将来更好地发展做好准备。

今天咱们聚焦其中的 ^{14}C 年代方法来给大家做一个介绍。看看为什么 ^{14}C 测年方法可以解决考古的年代问题，是如何解决的，以及有些什么有趣的案例？

^{14}C 年代测定方法是考古学领域里面应用最为广泛的一种绝对年代测定方法。所谓绝对年代测定方法，是相对于前面提到的相对年代方法而言的。相对年代方法是根据地层关系和器物类型学对考古背景的早晚关系做出判断的年代方法，只能给出早晚年代关系，不能给出绝对的年代数据。绝对年代方法是通过物理测量的方法给出年代数据，这个年代数据可以和日历年代相对应，形成跨空间可比较的绝对年代。针对一个样品进行绝对年代的测量，所得到的年代数据是独立的，只和这个样品本身有关。而当我们把考古遗址所采集的样品进行年代测定之后，要对这个考古遗址的年代进行研究时，又需要把给出这个数据的样品回归到考古堆积单位中，考察它所处的考古背景，然后才能对考古遗址的年代做出分析。又一次，我们看到了，在考古年代研究中，每一个样品的绝对年代都必须同时具备自然属性和人文属性，才是可以解决考古问题的有效年代数据。

^{14}C 测年方法最早是由美国化学家 Willard Libby 先生建立的。这个方法建立之时，全球处于一个和平利用核能的热潮之中。大家知道，第二次世界大战结束的一个重要原因是日本广岛原子弹的爆炸，这个事件震惊了全世界，把人们从战争的狂热当中拉了出来。起初人们为了赢得战争的胜利无所不用其极，核武器的研制就是其中的一个典型。而在研制核武器的狂热中，也有一些科学家始终保持着清醒，停止研发核武器、和平利用核能的呼声始终都有。Willard Libby 先生找到了和平利用核能的一个出口。当他针对 ^{14}C 的放射性开展研究的时候，他就意识到这个方法可以用于考古年代的测定。正好他的一位同事的父亲是一位文物爱好者，酷爱收藏，于是就提供了一件文物样品供他们分析，不幸的是结果出错了，年代并非这件文物所宣称的年代。后来知道，这件文物的年代有误，换句话说就是这件文物是个赝品。但在当时，这个结果还是蛮考验人的。不过 Willard Libby 先生并没有因此动摇他对 ^{14}C 测年方法的信心，而是继续寻找可供检测的样品。他们找到了埃及的考古学家，从他们那里得到了有明确纪年的法老墓里出土的木板，并于 1949 年发表了一段已知年代样品的 ^{14}C 年代与已知年代的理论曲线，并得到了检验。至此 ^{14}C 测年方法得以建立，很快这个测年方法在欧洲考古中得到了广泛的应用，颠覆了过去利用类型学而建立的跨欧洲的考古学文化年代体系，至此 ^{14}C 测年方法被称为是考古学中的一场革命。Willard Libby 先生因为他在 ^{14}C 测量以及建立 ^{14}C 年代测定方法方面的贡献获得了 1960 年的诺贝尔化学奖。

下面我们来看看这个神奇的测年方法是如何工作的。

^{14}C产生于距地表12~14千米的高空，差不多相当于波音飞机飞行的高度。为什么会在这里生成^{14}C呢？因为^{14}C的生成需要两个条件，一是需要有足够多的氮气，另外还需要有足够量的热中子，元素氮受到热中子的轰击，发生了一个核反应，产生出^{14}C。大家知道氮气来自于大气，而热中子来自于宇宙射线。大气具有遮挡宇宙射线的功能，距离地面近，大气浓度高，大部分宇宙射线都被大气给遮挡掉了。如果距离地表过高，宇宙射线带来足量的热中子，但是空气稀薄，没有足够的氮气可以参与核反应，也不利于^{14}C的生成。所以在距地表12~14千米的高空既有足够的氮气，又有足够的热中子，二者相遇发生核反应便产生^{14}C。新产生的^{14}C很快与大气中氧气结合形成含有^{14}C的CO_2气体。CO_2气体可以通过光合作用进入植物的体内，植物被人和动物吃掉，这样^{14}C又会通过食物而进入人体和动物体当中。地球表面有四分之三被海洋覆盖，海洋的主要成分是水，水有一个特性是可以溶解一部分CO_2气体。海洋波涛起伏与大气接触，空气中的CO_2被溶解在水体当中，由此^{14}C也经由大气而进入海洋。因此我们说自然界存在三大碳库，大气圈、生物圈和水圈。碳通过CO_2的光合作用和在水中的溶解作用在三个碳库中不断交换融合，达到平衡状态。也就是说，如果我们用^{14}C浓度做表征的话，在同一个时期，大气中的^{14}C浓度、海洋表面的^{14}C浓度和活着的生物体中的^{14}C浓度是一致的。

^{14}C是具有放射性的，它与稳定的^{12}C和^{13}C共同构成了自然界中的碳组成。^{14}C的放射性是软贝塔衰变，^{14}C原子放出一个电子生产^{14}N，这个衰变过程有点像是^{14}C生成的逆过程，但不完全一样。放射性衰变的最大特点是不受元素化学形态的影响，与外部环境完全无关，只与原子核的性质相关，并且遵循放射性衰变规律，衰变过程中放射性元素含量的变化是时间的函数，也就是说时间是与放射性元素含量相关的唯一变量。放射性元素的这个特质奠定了放射性元素的衰变规律被用来开展年代测定研究的基础，^{14}C年代测定方法就是其中之一。当生命体活着的时候，其体内的^{14}C浓度与自然界中的三大碳库达到了平衡。当生命体一旦死亡，就没有新的^{14}C添加进来，其体内的^{14}C浓度的变化就只遵循^{14}C的放射性衰变规律，且只与时间相关。所以，当我们采集到一个死了的生物体样品，比如一粒碳化的种子，一块动物骨头，经过一系列物理、化学的处理过程，提取其中的原生含碳组分，经过样品制备，测定其中的^{14}C浓度，这就是这个植物样品或者动物从死亡到目前样品里面剩余的^{14}C的浓度。如果我们可以知道生物体在死亡的那一瞬间体内所含的^{14}C浓度，减去样品中剩余的^{14}C浓度，就知道了生物体衰变掉多少^{14}C，用^{14}C放射性衰变规律计算，

就知道衰变掉这么多 ^{14}C 需要多长时间。由于生物体死亡那一刻体内的 ^{14}C 浓度与当年大气的 ^{14}C 浓度是一致的，如果我们假定大气中的 ^{14}C 浓度几万年恒定不变的话，用现代大气中的 ^{14}C 浓度代替几万年来任何时刻的大气中的 ^{14}C 浓度，那么就很容易计算出一个生物体的死亡时间。如果这个生物体的死亡与人类活动相关联的话，那么这个生物体的死亡时间也就是考古样品形成的时间，也就是考古样品的 ^{14}C 年代。

这里有一个问题，大气中的 ^{14}C 浓度是否真的几万年恒定不变呢？回答是否定的。一方面，因为大气中 ^{14}C 的产生与热中子的量有关，热中子的量又与宇宙射线有关，宇宙射线受宇宙中的各类事件影响，比如太阳耀斑、小行星爆炸、黑洞塌缩等宇宙事件会以射线的方式向外辐射能量，这些事件势必影响 ^{14}C 的产生，导致大气中 ^{14}C 浓度增加。另一方面，人类的活动，比如大量使用石油、煤等矿石燃料，向大气中排放大量二氧化碳气体，这些二氧化碳中几乎不含 ^{14}C，从而稀释了大气中的 ^{14}C 浓度。因为矿石燃料在地下埋藏期间，没有新的 ^{14}C 加入，起初的 ^{14}C 不断衰变减少，直至没有。再有，人类制造的原子弹爆炸以及核泄漏事件会导致大气 ^{14}C 浓度的增加。由此可见，大气中的 ^{14}C 浓度并非几万年恒定不变，也就是说我们不能用今天大气中的 ^{14}C 浓度来代替自古以来的大气 ^{14}C 浓度通过衰变规律计算得到真实的日历年代。这样 ^{14}C 年代的计算就需要增加一个环节： ^{14}C 年代向日历年代的校正。

由此就引入了树轮年代学。通俗地讲，树木一年长一轮，所以，如果我们知道了树木其中一轮的准确日历年代，就可以通过数树轮的办法把整棵树木每一轮的日历年代都确定下来。又由于树轮的轮宽受树木生长条件的影响，风调雨顺的年份会长得宽一些，干旱寒冷的年份会长得窄一些，气候变化引起的树轮宽窄变化被记录在树木年轮里面。同一个地点生长的

讲座现场

讲座现场

同样的树种，这样的宽窄变化的规律是一致的。由此我们就可以像拼接图片一样，把早早晚晚的树木年轮逐渐连接起来，组成树木年轮的长序列，而日历年代也因为这样的连接被赋予了长序列中的每一个年轮。因为树木生长的时候，通过光合作用与当年大气中的碳达到了充分的交换平衡，其中的阿尔法纤维素长成之后就如同骨架结构被固定在树轮里面，第二年不再生长，其 ^{14}C 也不再与外界发生交换。这样树木每年长一轮，其中的阿尔法纤维素就把当年大气中的 ^{14}C 浓度记录下来。我们利用这个树轮长序列，把其中的树轮取下来，去测定其中的 ^{14}C 浓度，就可以得到每一个树轮生长的那一年大气中的 ^{14}C 浓度。因为每一个树轮的日历年代是已知的，我们可以用日历年代作为横坐标，^{14}C 年代作为纵坐标，绘制出 ^{14}C 的日历年代校正曲线。目前使用的日历年代校正曲线最新版本为IntCal20，最老可以校正5万年的年代数据。

下面再来谈谈 ^{14}C 的测量。^{14}C 具有放射性这个特点，决定了它的量至少可以用两种方法来测量，一种是测定 ^{14}C 放射性衰变的方法，另一种是测量 ^{14}C 的原子个数的方法。当年Willard Libby先生建立 ^{14}C 测年方法的时候用的是 ^{14}C 衰变计数的方法，即通过测量一定时间内一定量的含碳物质所产生的贝塔衰变数来计算年代的方法。后来有了加速器质谱技术，人们可以直接测量样品中的 ^{14}C 原子个数，从而得到样品的 ^{14}C 年代。加速器质谱 ^{14}C 测量方法大大提高了测量精度，缩短了测量时间，降低了样品量，比如一粒炭化稻米、几根纤维等，使得可测样品的范围扩大许多。

^{14}C 测年方法还有一个革新需要特别介绍，那就是贝叶斯统计方法的使用。坊间有一句话叫：万物皆可贝叶斯。考古，特别是 ^{14}C 测年方法也不例外，需要贝叶斯方法进行数字处理和模型计算。特别是当我们把考古背景信息纳入模型对 ^{14}C 年代进行计算的时候，贝叶斯统计方法的使用就显得必不可少了，它允许我们把考古背景信息，即样品本身依据地层关系和类型比较而获得的早晚关系，以先验条件的方式纳入模型进行计算。目前牛津大学建立的 OxCal 程序可以帮助我们实现这样的计算。

总结一下，^{14}C 测年方法仅仅是考古学中所使用的自然科学方法中的一种，但就这个方法本身所涉及的知识内容也是相当广泛的。同学们正当年少，可以在知识的海洋中畅游，提倡大家向下扎根，夯实基础；向上生长，让知识成体系化增长，长成枝蔓相连的大树，成为贡献人类社会的有用之才。

中国史前治水文明初探

刘建国

中国社会科学院考古研究所

讲座时间： 2021年10月19日（周二）上午9：00～10：30

讲座地点： 三门峡市第三高级中学

21世纪之初，伴随着田野考古资料的不断积累和区域聚落考古调查研究的稳步推进，古代人地关系研究受到众多学者的普遍关注，人类社会诞生之初自然资源的开发和利用，特别是对水利资源的认识、控制和调用，对于人类文明的形成和发展具有极其重要的作用。

水是人类生存、发展过程中不可或缺的自然资源。中国史前文明的发祥地长江中下游、黄河中下游等地区基本上都处于东部季风区，各地不同季节和不同年份的降水量有着很大的差别，自然环境中水资源的分配极不均匀。史前人类为了能够繁衍生息，必须积极地探索和认识水资源的多种特性，进行合理的改造、控制和利用，尽可能地达到兴利除弊的目的。

一、陕西七星河流域史前聚落分布

七星河流域位于陕西省扶风县，七星河流域及其附近美阳河流域在仰韶时期和龙山时期都有比较多的聚落分布。

仰韶时期和龙山时期七星河流域有很多聚落分布，而美阳河流域则聚落稀少。七星河流域的聚落都非常靠近河流，较大的聚落基本上都是沿河岸方向呈长条形分布，表现出明显贴近河流的倾向性。通过空间分析软件建立以河流为中心线向两边拓展的600米缓冲区，史前聚落遗址基本上都包含在这个区域之内。因此可以说明史前人们选择居住环境的时候，都会优先考虑河流两边600米的区域内，显示出聚落对河流、水资源的强烈依赖关系。

七星河流域的史前聚落基本上都是沿着七星河及其支流两岸分布，而其附近的美阳河流域却鲜有聚落分布，只是下游有几个小型聚落。分析其原因，应该是七星河是处在一个低洼的河谷里，河道较为宽阔，是一条稳定的河流。而美阳河则流经一个稍高的台地，河道较为狭窄，台地应该是

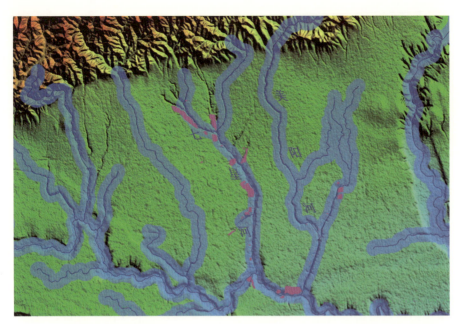

七星河流域仰韶时期聚落分布图

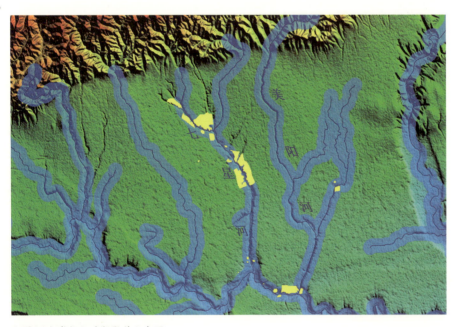

七星河流域龙山时期聚落分布图

美阳河经常改道形成的山前冲积扇，说明美阳河是一条不稳定的河流。由此可见史前先民选择居址的时候，一般考虑水源充足的稳定河流岸边，那些经常改道的不稳定河流两岸人们无法生存。

七星河和美阳河地处我国东部季风区的西北边缘，属于半干旱性气候区，年降水量很少而且极不均匀。此外，两条河流的流域面积分别只有

100多平方千米，雨季河道里自然存留的水资源无法支持整个旱季史前人类生活、种植等方面的需要。人们很可能是在河道中修建简单而高效的拦河水坝，以便在雨季能够贮存足够的水源以应对漫长旱季的用水需求。据此推测，中国史前先民的治水活动至少应该肇始于仰韶时期。

二、河南洛阳盆地史前聚落分布

洛阳盆地位于河南省西北部，四面环山，东南及南部有嵩山及其余脉万安山，秦岭山系崤山支脉的周山和邙山分别位于盆地的西部与北部。盆地内地势平坦，河网较多，水源较为充足。

田野考古调查发现洛阳盆地自裴李岗时期出现少量小型聚落，仰韶时期聚落数目增加很多，出现一些面积超过20万平方米的大型聚落。伊河南部的地势自南向北逐渐降低，有一定的起伏，发源于万安山的小型河流众多，史前聚落基本上都分布于这些小型河流两岸600米的缓冲区内。邙山南坡的一些小聚落也是严格地遵循着这样的规律，邙山与洛河之间，以及洛河与伊河之间平地上的自然河流如今已无法确定，聚落分布与河流的关系尚不明显。

通过数字高程模型提取集水盆地的范围之后，可以看出研究区域北部、邙山南坡的集水盆地面积都非常小，各时期的小型聚落很难发展壮

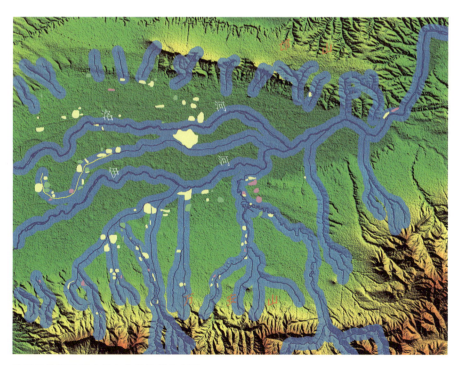

洛阳盆地河流缓冲区与史前聚落分布图

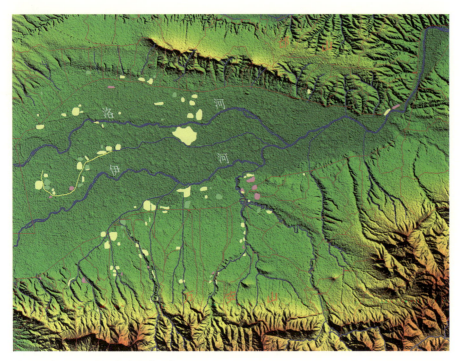

洛阳盆地积水盆地与史前聚落分布图

大，只有当河道进入比较平坦的区域之后，才出现中型和大型聚落。研究区域的南部、万安山北麓河流的集水盆地面积不等，从东往西的集水盆地面积有逐渐递减的趋势，聚落的分布也是具有同样的趋势，西南部只有极少的小型聚落。可见聚落的大小直接受制于集水盆地的大小，水资源的多寡直接影响着聚落发展的规模。

三、江汉平原大洪山南麓的史前聚落分析

近年来江汉平原的史前考古研究取得了重大的突破，围绕石家河、屈家岭、城河等重要遗址开展的田野考古工作，解决了很多重要的史前考古问题。大洪山南麓与江汉平原北缘交会地带，北部的低山丘陵区域为红土阶地和岗地，逐渐向南延伸为地势平坦的壤土质冲积平原。西南和南部有汉北河，中部有溾水，东部有富水河自北向南注入汉北河。大洪山南麓是屈家岭文化和石家河文化的命名地，是江汉平原史前文明诞生和发展的重要地域，分布有龙嘴（油子岭文化）、屈家岭（油子岭—石家河文化早期）、谭家岭（不晚于屈家岭文化早期）、石家河（屈家岭—石家河文化）、笑城（屈家岭文化晚期）、门板湾（屈家岭文化晚期）、陶家湖（屈家岭晚期—石家河文化早中期）等重要史前聚落。

大洪山南麓的数字高程模型清晰地显示出重要聚落与周边地势的关系。龙嘴、笑城、门板湾等遗址位于地势较低的地段，高程30米左右，为江汉平原史前湿地与山前岗地交会地带的壤土质冲积平原，应该是水患频繁之处。石家河（谭家岭）遗址位于地势较高的红土阶地和岗地前端，高程34~46米。陶家湖遗址位于陶家河与泗龙河交汇处的平原岗地和台地之中，高程39~45米。屈家岭位于青木河与青木垱河交汇处的红土阶地和岗地之上，高程43~48米。

龙嘴、笑城、门板湾等遗址均位于所在岗地前端，田野考古工作发现都拥有城垣类结构，遗址与所在岗地之间由人工壕沟隔离，形成较为独立的聚落单元。史前时期江汉平原的先民已经开始种植水稻，龙嘴等聚落及其周边地域的地势相对较低，耕种水稻的时节比较容易获得足够水源。但是梅雨季节的降水量很大，这几个聚落很容易被洪水淹没，所以城垣结构的首要功能应该用于防洪。

陶家湖、石家河、屈家岭等遗址的海拔相对较高，各聚落面临的水源环境互不相同，造就了各有千秋的聚落形态。

陶家湖遗址位于陶家河与泗龙河交汇处的河谷低洼地带，东、西两侧地势较高。数字表面模型显示陶家湖遗址有椭圆形城垣结构，北部城垣残存墙体较高，往南逐渐降低。城垣外部环绕有比较完整的壕沟，遗址内中部偏西位置似乎有一段类似环壕与城垣的结构，与陶家河或泗龙河构成封闭的区域，可能为陶家湖遗址早期范围。陶家湖遗址坐落在河谷之

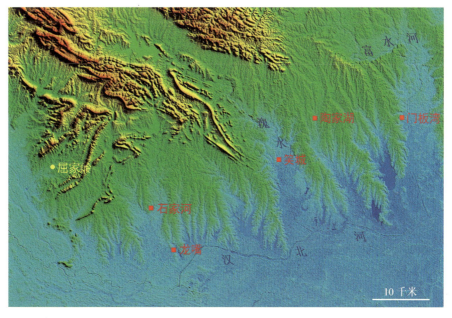

大洪山南麓地势与聚落位置图

龙嘴、笑城、门板湾遗址的数字表面模型（1千米×1千米）

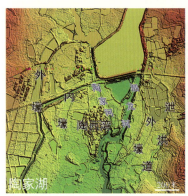

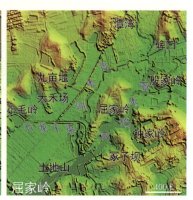

陶家湖、石家河、屈家岭遗址的数字表面模型

中，将陶家河与泗龙河的部分河道、交汇处等围在其中，外侧修建壕沟环绕聚落。

　　陶家湖遗址东北部被现今的泗龙河水库所破坏，泗龙河与遗址东侧外壕、弧形沟渠等的关系已无法厘清。但是史前陶家湖人应该能够充分考虑陶家河、泗龙河、外壕、弧形沟渠等的水位，精准调节各处水口的水量，以确保聚落内部及其外侧东、南、西部较低地域中种植农作物的水源需求。

　　石家河遗址群位于自北向南的岗地前端，其城垣仅发现西墙和南墙西段，东北部被晚期小城破坏。遗址群南部地势较低的地域雨季中很容易被洪水淹没，遗址群内的地势普遍较高，应该能够避免雨季中洪水的威胁，但是干旱季节也很难调集东河或西河的水资源进行灌溉。我认为谭家岭北部与三房湾南侧的水塘、朱家泊等应该是石家河人修建的水库，目前认为的石家河古城西墙应该是朱家泊水库的大坝，雨季时朱家泊储水后便能够在干旱季节里灌溉谭家岭南侧低洼地带等种植农作物的区域。

　　屈家岭遗址位于青木垱河和青木河交会处地势较高的台地之上，遗址北部东侧连通两条小河的沟槽应该是人工开挖而成，使遗址处于壕沟、河道环绕之中。屈家岭遗址及其周边地势较高的孤丘、岗地能够在雨季中避免洪水的侵扰，因此几乎都有史前人类居住、活动的遗迹，这应该是屈家岭遗址不需要城垣类结构的重要原因。山间谷地中地势平缓，土壤肥沃，便于拦截河道存储和使用水源，适合种植水稻等农作物，是史前人类繁衍生息的理想场所。

四、良渚古城及其外围的水利工程分析

良渚古城位于浙江省北部最大的河流东苕溪岸边，近年来田野考古发现良渚古城外围拥有庞大的水利工程，古城的选址和水利工程的建设与东苕溪流域的关系非常密切。东苕溪在良渚时期并未流经良渚古城，当时钱塘江与太湖之间相互连通，东苕溪自余杭镇流出山地后，经仓前、闲林埠等往东注入杭州湾。吴维棠先生认为，东苕溪北流穿过大观山和大雄山一线往北注入太湖，是东汉时期人类活动的结果。

根据东苕溪流域的数字高程模型，能够提取良渚古城周边东苕溪水系各支流的河网分布与流域范围。统计东苕溪流域的面积，在良渚古城以上部分流域面积约为1483平方千米，其中良渚古城外围水利工程控制的区域只有52平方千米（紫色区域）。提取的河网分布图中，东苕溪水系干流并非沿着现今的东苕溪河道往北流入太湖，而是绕过良渚古城东南的大观

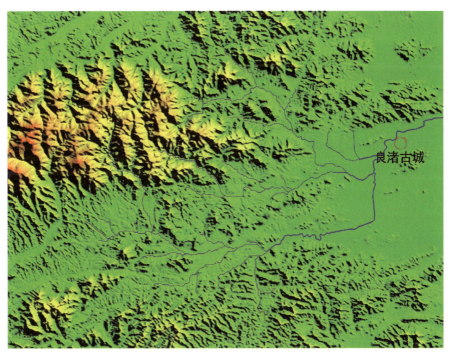

东苕溪水系与良渚古城遗址

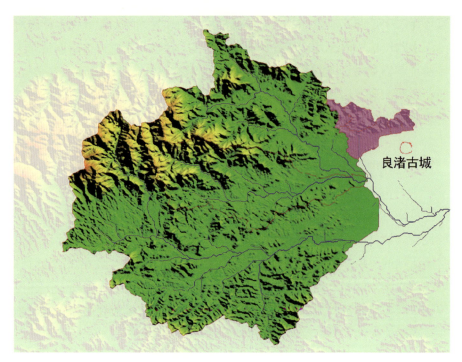

水文分析提取的东苕溪河网与流域

山等低山丘陵南部后往东流出，与吴维棠先生等的研究结果完全一致。

　　良渚古城的地貌基础实为深入到平原之中的基岩残丘。古城的南、北两面都是天目山的支脉，西面是以瓶窑窑山为主的一组小山，只有东面是地势由西向东降低的平原。良渚古城的主体就是依托于南支众多的低丘而兴建。古城东北角的雉山和西南角的凤山都是基岩孤山。北城墙西端利用了原来的黄泥山作为墙体的一部分。

　　良渚古城所处的基岩残丘，在地形上构成北苕溪流域与大遮山南坡东段诸水的分水岭。局部的数字高程模型显示，源于西北山地的北苕溪流出山口之后，受上述基岩残丘和东部大观山、大雄山丘陵的阻挡，只能向东南流过大雄山西南部，才可能转向东流。

　　可以推测，良渚人经过长时间的调研和观察，基本掌握了局部区域的水文特征。将古城选址在平原地区地势稍高的基岩残丘之上，再通过修建城墙以及城内大规模的堆筑，使得良渚古城基本上能够面对雨季中东苕溪水系所引发的水患。然后需要考虑的是如何解决来自西北大遮山的特大山洪以及农田灌溉、生活用水等问题。

　　良渚先民为了应对自然环境的挑战，在古城西、北方向的山口等地修建了一系列的水坝等设施，与古城内外的水网连成一体，形成一套功能齐备的水利系统，发挥着防洪、运输、调水、灌溉等诸多功能，充分展示出

良渚古城及其所在的基岩残丘

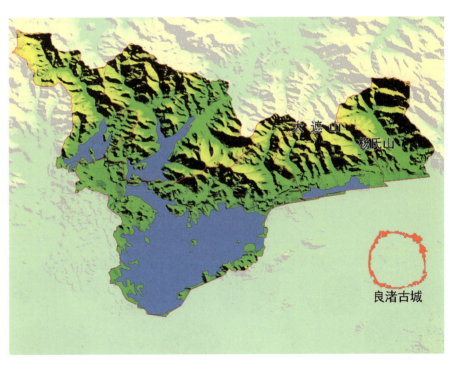

良渚古城及其外围水利系统

良渚先民先进的治水理念与超强的水利工程设计、组织、建造能力,造就延续千年的璀璨史前文明。

五、结　语

治水是定居农业聚落的一项重要社会活动,农业种植离不开水源,中国的长江、黄河、西辽河等流域基本上都属于季风区,降水的时空分布极不均匀,雨季中很多流域的洪涝灾害频发,雨季之后往往干旱相随,治水方面的需求显得非常迫切,但治水模式却各有千秋。

距今6000~4000年的史前时期,黄河、西辽河流域的先民以种植粟和黍为主,长江中下游地区的先民以种植水稻为主。参照现今的情况分析,史前时期黄河以北、西辽河等流域,人们应该是在雨季来临、土壤湿润之后才开始种植粟和黍,一般情况下可能没有修建专门的灌溉设施,降水的多少直接影响到农业收成。长江中下游地区有梅雨季节,降水集中,易发洪涝灾害,气温也较低。梅雨季节之后气温升高,日照强,是农作物生长的最佳时期,但往往会因为伏旱、秋旱缺水导致农业生产颗粒无收,从而迫使史前先民建设大量的灌溉设施。所以史前时期中国长江中下游与北方黄河、西辽河等流域的先民对水资源的管理模式存在很大的差别,北

讲座现场

讲座现场

方地区需要存储水资源以应对漫长旱季的人畜生存需求，长江中下游地区需要在梅雨季节积极预防洪涝灾害，同时又必须存储足够的水资源来确保伏旱、秋旱出现时能够对水稻等农作物实施灌溉。由此导致长江中下游的史前治水文明非常发达，甚至出现了规模宏大的良渚水利工程。

史前治水文明是农业文明发展过程中的重要组成部分，是聚落安全与农业丰收的前提和保障。农业丰收能够提供稳定的粮食资源，是人口持续增长和聚落发展、阶层分化的强大动力，推动人类文明不断向前演进。

学术考察

2021年10月20日，根据第三届中国考古学大会（2021·三门峡）活动的整体安排，来自全国多家考古科研单位、高校的专家代表以及部分媒体记者300余人，对崤函古道石壕段遗址、西坡遗址和北阳平遗址进行了考察观摩。

崤函古道是对古代中国自洛阳至潼关间道路的统称，因为道路沿线主要穿行于崤山之中，并曾设有号称天险的秦函谷关，故名"崤函古道"。崤函古道石壕段遗址位于河南省三门峡市陕州区硖石乡车壕村东南约1千米处，它是崤函古道东段的一部分，现存道路遗存1317米以上，经考古发掘揭露的石质古道长约230米。总体呈西北—东南走向。路面宽窄不等，最宽处约8.8、最窄处仅5.2米，它是借助于山坡中部自然形成的岩石修筑而成，因车轮长期碾轧，在路面上形成了两条较深的车辙印迹并保留了下来，车辙痕深浅不一，最深处可达41厘米，最浅处也有数厘米，两车辙外宽相距一般在1.32米，最宽可达1.5米左右。崤函古道石壕段遗址作为崤函古道的组成部分，其开通时期可追溯至先秦时期（前21～前3世纪），民国初期仍在沿用，民国二十三年（1934年），洛潼公路全线开通之际，古道基本上废弃。

崤函古道石壕段遗址于2014年6月22日以"丝绸之路：长安—天山廊道的路网"的名义，通过联合国教科文组织第三十八届世界遗产委员会会议审议，正式列入《世界遗产名录》，成为我国第三十三项世界文化遗产。崤函古道石壕段遗址是世界文化遗产"长安—天山廊道的路网"33处遗产点中唯一的历史悠久、真实、完整的大规模道路交通遗址，具有展现丝绸之路上长期、长距离交通保障系统的价值特征。

崤函古道

参会代表参观崤函古道石壕段展厅

参会代表实地考察崤函古道石壕段遗址

考察团一行在讲解员的带领下先后参观了展厅及遗址本体。中国社会科学院考古研究所研究员安家瑶对崤函古道石壕段遗址的保护管理工作给予了充分肯定，同时她希望今后要继续加强对遗产的保护工作，充分挖掘遗产文化内涵，合理利用，吸引更多游客参观。

荆山黄帝铸鼎原风景区位于河南省三门峡灵宝市阳平镇，国家"AA"

黄帝铸鼎原风景区

级风景名胜区，是中华人文始祖轩辕黄帝奠定邦国，铸鼎铭功，驭龙升天的地方。《史记·封禅书》载："帝采首山之铜，铸鼎于荆山下，鼎成崩焉……其臣左彻取衣冠几杖而庙祀之……"铸鼎原由此而名。铸鼎原现存唐贞元十七年（801年）《轩辕黄帝铸鼎碑铭》碑一通。它是全国迄今发现的关于记载黄帝功绩最早的一通碑刻，是研究黄帝文化的稀世珍品，也是铸鼎原悠久历史的见证。铸鼎原遗址群共有30余处新石器时代古文化遗址，其分布之密集，规模之庞大，包含之丰富，器物之精美，全国罕见。

荆山黄帝铸鼎原风景区还包括荆山、轩辕台、夸父山、蚩尤山、东常民俗村等景点。它已成为海内外华夏炎黄子孙寻根祭祖，缅怀圣德，领略黄帝文化精髓，上溯华夏文明起源的旅游观光胜地。

西坡遗址位于灵宝市阳平镇荆山黄帝铸鼎原中部，东西575、南北1200米，东为夸父河，西为灵湖河，南北各有一条人工壕沟贯通，遗址核心区面积约40万平方米。

2000年以来，先后由中国社会科学院考古研究所、河南省文物考古研究院、三门峡市文物考古研究所、灵宝市文物保护管理所联合对西坡遗址开展了8次发掘，揭示了该遗址由墓葬区、房址区、制陶区等部分组成。其中F105特大房屋基址，占地516平方米，是中国历史上第一座带回廊的古典建筑，也是同时期最大的单体建筑遗址。与F105相对应的三个方向上分布着另外三座特大房址，四座房址门道统一朝向中部区域。遗址西南部发现有数十座仰韶时期的早期墓葬，出土了玉钺、陶釜、象牙手镯等一批精美文物和早期的板材、麻布遗迹。2005年，西坡遗址被列入"中华文明探源工程"六大遗址首选。2007年，河南灵宝西坡新石器时代大型墓地被评为"2006年度中国十大考古新发现"。2021年9月，灵宝西坡和北阳平遗址入选"河南考古百年百大考古项目"。

北阳平遗址位于灵宝市阳平镇北阳平村西部。遗址南北长2千米，东西宽300～500米，文化层厚度3～5米，略呈"西南一东北"走向，遗址南高北低，呈台阶状。遗址中灰坑密集，包含物丰富，面积70余万平方米，是三门峡地区面积最大的仰韶文化遗址，更是探索中国文明起源的重要地区。

2001年，北阳平遗址被国务院公布为第五批全国重点文物保护单位，是"十一五"期间国家资助的全国100个大遗址之一，也被列入"十二五""十三五"期间大遗址保护项目库150处重要大遗址名单。2017年11月，北阳平遗址被列为国家文物局"考古中国"重大研究工程"中

轩辕黄帝铸鼎碑铭

西坡遗址F105特大房屋基址及复原建筑鸟瞰

参会代表现场考察西坡遗址F105特大房屋基址

参会代表参观西坡遗址F105复原建筑

原地区文明化进程研究"项目的重要支撑课题。2018年2～4月，河南省地市联合考古工作队完成北阳平遗址钻探调查，基本摸清了遗址地下文物分布情况。2021年11月，北阳平遗址再次入选国家《大遗址保护利用"十四五"专项规划》。

2020年9月，河南省文物考古研究院、三门峡市文物考古研究所、灵宝文物部门成立联合考古队，对北阳平遗址进行了考古发掘，目前已发掘面积1500平方米，发现了仰韶时期特大型房址3座、窑址1处、灰坑数座、东周墓葬10座，晚期灰坑十多处。其中F2保存较好，坐东北朝西南，东西长约14.4、南北长约14米，房基面积约185.4平方米，室内面积约120.34平方米。特别是发现的呈中心汇聚态势的炭化木构件，在国内仰韶文化遗址中十分罕见；部分炭化木构件存在半月形凹槽，疑似早期榫卯结构，应为目前中国北方最早的榫卯结构。在遗址南部，发现了双重壕沟。北阳平遗址的发掘成果对研究豫西地区仰韶文化中期和仰韶文化向龙山文化递进具有重要价值。

北阳平遗址F2特大型房基址和炭化木构件

河南省文物考古研究院副院长魏兴涛研究员作现场讲解

第三届中国考古学大会（2021·三门峡）闭幕式

中国考古学会副理事长、北京大学考古文博学院 教授赵辉讲话

各位：

10月17日，仰韶文化发现暨中国现代考古学诞生100周年纪念大会在三门峡召开，揭开了为期三天的第三届中国考古学大会的序幕，会议十分荣幸地收到习近平总书记的贺信，考古界和文物考古管理的政府部门等皆为此深受鼓舞。

17日下午，全体与会嘉宾参观了渑池县仰韶村遗址和仰韶博物馆，这是中国现代考古学的发端之地。此次参观对我们而言，是一次极好的考古学史的温习、回顾。

10月18日上午，第三届中国考古学大会举行了开幕式，之后，王巍理事长及四位学者为大会做了主题学术报告。自18日下午至19日，23个专业委员会分别组织了学术研讨，其间还面向公众举办了22场讲座。

我受会议委托，对本届大会的学术活动做一总结，这是个不可能完成的任务，觅到一个角度，尝试之。

大会共收到416篇论文，按照我个人对这些论文题目的理解，可作如下分类：

（1）有几篇论文是有关中国考古学百年历史以及本专业领域发展历史的回顾和总结，其中包含过程的总结和理论的思考。

（2）专门就研究技术进行讨论的文章约有29篇，除田野考古学方法1例外，余下论文主要来自年代学、数字考古、新兴技术及水下考古专业委员会。这些文章显示出对自然科学技术加以改造来服务于考古学、历史学研究这一关键环节的重要性，且这一环节日益受到学术界的关注。此外，这些科技考古的研究论文有很大部分借助于自然科学的方法来取得历史学的研究成果，如遗址或文化的年代，古代的材料、工艺、技术等问题的研究。

（3）7个断代考古专业委员会以及建筑、边疆、古代城市、水下考古等专业委员会提交的论文，大致围绕以下四点展开：

第一，考古新发现及相关问题的研究，51篇，论文占比显示出中国考古学仍处在发现阶段以及资料积累时期，其在很大程度上依赖新的资料公布来推动研究的领域，这是考古学学科现阶段的特点；

第二，考古学文化研究，约34篇，史前、夏商以及两周时期主要涉及考古学文化分期、分区、编年、文化互动等研究问题，后续时期则主要涉及民族关系、民族文化、文化与交流等历史题材的研究问题，可见物质文化史研究依然是需要继续丰富发展的研究领域；

第三，古代器物的专题研究，涵盖石磬、钟、镇墓兽等，这类研究同时也涉及年代分布、流传、文化关系的讨论、民族关系的讨论等；

第四，人与环境的关系研究，环境考古专业委员会围绕这一方面提供了20篇论文，除研究的方法和讨论外，其余均为具体个案研究，可分成两大类，一类通过建立气候变化模型，进而讨论气候变化过程中引起农业、畜牧经济等变迁的人类文化和行为研究，另一类是探讨古代遗址与周围地貌等人类行为和具体环境互动的研究，该研究属于新兴领域，值得关注。

（4）古代社会经济和技术方面的研究。总体来看，越向历史时期延伸，针对石器制作、陶器制作、冶金、焊接、建筑技术以及农业的发展过程、体系等方面的研究越少，但与此同时，丧葬、建筑、城市规划等古代制度的研究占据了历史时期考古的主流。聚落与社会、文明化进程等研究主要分布在史前时期，特别是新石器时代；围绕构成社会的人类的研究17篇，主要来自人类骨骼考古专业委员会，涉及古代人群的遗传演化，人口与性别结构，古病理所见的劳作方式、劳作强度，通过骨化学方法讨论食性、人群结构等。近年来有关DNA、古代人骨、骨化学等角度对人类的遗传研究日益成为考古学研究的一个重要领域，开展较早的传统体质人类学研究也有较大变化，从体质特征的测量，年龄、性别的鉴定等越发转向古病理所见的古人类劳动方式、操作强度等的讨论，而DNA技术、分子生物学技术、骨化学技术为我们开辟了更多的研究领域，如古人类族群、遗传、人口与性别结构、人群迁徙、族群构成的研究等，这将是未来会蓬勃发展的领域。通过考古遗迹、遗物对古代社会意识形态层面的研究，例如信仰、宗教等，受到资料和辅助研究手段的制约，在史前考古研究中开展较为困难，而在历史时期由于得到大量文献辅助，成为重要的研究领域。

（5）随着我国政治、经济的发展，我们的视野不断开拓，涉外考古研究不断丰富。丝绸之路考古、宗教考古、边疆考古和水下考古专业委员会为该领域研究做出了较大贡献，中国考古"走出去"近几年来有重大进展，共开展涉外考古项目30多个，成果丰硕。

（6）考古教育专业委员会专攻考古学大学教育，是考古学研究的重要组成部分，除了培养年轻的考古工作者外，随着课程建设，对中国考古学学科体系、学术体系的丰富和发展十分有益，创建了良好的开端。

此外，考古学一方面要做好文物的研究，一方面也要做好文物的保护；公众考古不仅红红火火，在数字考古领域也有所涉及。这些方面在代表们所提交的论文中均有深入研究。

会议提交的416篇论文，均是学者们认真考虑提出的最新研究成果，可以将其看作当前考古学现状的一份准确度较高的"抽样"，反映了我们学科的现状。综观以上情况，我们可获得几个印象：首先，比较缺乏理论的思考，特别是如何用中国考古学资料来重建中国古代史，与之相关的研究方法论并不多；其次，对比史前考古和历史考古可知，两者的学术研究取向、研究课题选择等有较大差别，前者很明显受到人类学、民族学、社会学等理论方法的影响，而历史时期考古更依赖传世文献的记载，史前考古聚落研究会通过聚落形态结构分析来讨论社会组成、社会组织、社会结构，历史时期考古可以称之为聚落形态研究的大多数集中在中、大型城址考古，更偏向把重点放在城市的布局，功能的分布、划分等，而不太涉及人类社会组织；最后，用现代科学技术支撑考古学研究是近年来发展迅速的领域，非常值得注意，除开展较早的动物、植物、环境考古有明确的历史问题为导向，引导着他们把技术与方法结合，进而研究农业起源、动物驯化、人类经济行为等问题，其他新兴技术，如对材料的分析往往是一种点状研究，主要是对遗迹、遗物等材料做科学分析、科学检测，此次会议有些研究正试图把这些点状的研究串联起来并延伸到对历史问题的解释，非常值得提倡。

以上所见，未必正确，敬请各位思考，也许其中隐藏着当下中国考古学的一些特点、问题以及未来努力的方向。

各位代表，我们的学科正处在一个发展最好的社会环境中，习近平总书记在贺信中对中国考古学百年来取得的重要成就给予了充分的肯定，就考古学研究对于更好认识源远流长、博大精深的中华文明发挥的重要作用给予了非常有深意的评价[①]，这令我们备受鼓舞。如何进一步建设和发展中国考古学，就是要发扬严谨求实的学风，兢兢业业做好本职考古工作，从而稳步提升中国考古学。

最后，我谨代表中国考古学会，向为本次大会给予支持和付出的大会主、承办单位，各位领导、学界同仁、会务组的同志们表示衷心的感谢！

---

① 《习近平致仰韶文化发现和中国现代考古学诞生100周年的贺信》，https://www.gov.cn/xinwen/2021-10/17/content_5643148.htm.

三门峡市委常委、常务副市长万战伟致闭幕词

尊敬的赵辉教授、田凯局长，各位专家，同志们、朋友们：

　　备受瞩目的第三届中国考古学大会，在各级领导和社会各界的鼎力支持下，取得了圆满成功，即将落下帷幕。这里，我谨代表中共三门峡市委、三门峡市人民政府，向大会的成功举办表示热烈的祝贺！向出席大会的各位贵宾，以及所有关心、支持、参与会议的朋友们，表示衷心的感谢！

　　习近平总书记对"双百周年"纪念活动高度重视，专门发来了贺信，充分体现了习近平文化思想的深刻内涵，充分体现了习近平总书记对考古工作者的肯定和勉励，让我们深感自豪、深受鼓舞。三天来，来自五湖四海的学界泰斗、专家学者，齐聚三门峡，共忆百年考古历程，共论灿烂中华文化，呈献了一届精彩圆满的盛会。作为仰韶文化发现地和命名地、中国现代考古学诞生地，我们倍感荣幸和光荣。

　　考古历程波澜壮阔，千年仰韶文化历久弥新。三门峡是中华民族重要的发祥地之一，也是仰韶文化最繁盛的地区。特别是仰韶文化发现地渑池仰韶村遗址，代表仰韶文化繁盛期的庙底沟遗址，全国仰韶文化密度最大的遗址群——灵宝北阳平遗址群，共同构成了仰韶文化整体框架的关键坐标，是仰韶文化研究最肥沃的土壤。100年来，来自不同国家、不同领域的专家学者，围绕仰韶文化开展考古研究，发布了许多研究成果，充分展现了中华文明的源远流长和灿烂辉煌，三门峡也因仰韶文化而声名远播、名扬世界。

这次大会的举办，全方位展示了近年来中国考古研究的新理念、新思想、新方略、新实践，也开启了建设中国特色、中国风格、中国气派考古学的新征程。我们将以此次大会为契机，落实习近平总书记关于历史文化和考古工作的重要论述精神，以高度的文化自觉、坚定的文化自信，加快构建"仰韶文化的元点、早期中国的发端、中国考古的起点、黄河文化的高地"文化品牌，全力打造"早期中国文明长廊"，让悠久的仰韶文化活起来、热起来。我们将与广大考古工作者一道，肩负起时代赋予的历史责任和文化使命，当好历史文脉的守护者、文化基因的传承者、中华文明的弘扬者，为加快现代化建设、实现中华民族伟大复兴的中国梦贡献强劲力量！

最后，再次对本届大会的圆满成功表示祝贺！

祝各位领导、各位专家身体健康、工作顺利、万事如意！

谢谢大家！

媒体报道

在习近平新时代中国特色社会主义思想指引下
守护中华文脉 弘扬灿烂文明

习近平致信祝贺仰韶文化发现和
中国现代考古学诞生100周年强调
发扬严谨求实艰苦奋斗敬业奉献的优良传统
努力建设中国特色中国风格中国气派的考古学

仰韶文化：中华多元一体文明的主根主脉

2021年10月17日河南卫视《河南新闻联播》报道"仰韶文化发现暨中国现代考古学诞生100周年纪念大会在河南省三门峡市开幕"

2021年10月18日河南卫视《河南新闻联播》栏目报道"建设中国特色 中国风格 中国气派的考古学——习近平总书记贺信在与会人员中引发热议"

2021年10月18日河南卫视《河南午间报道》栏目"'花开中国'——记者探访庙底沟仰韶文化博物馆"

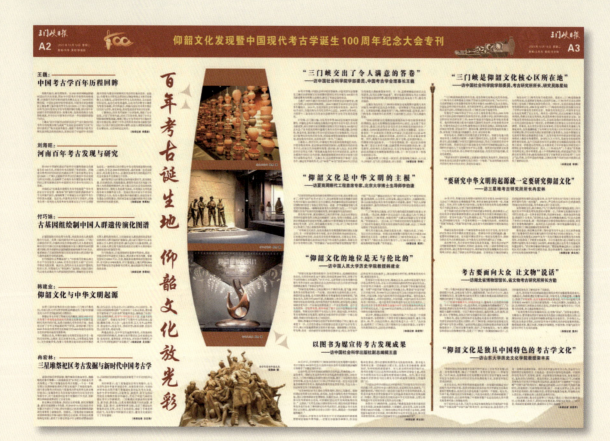

附 录

值此仰韶文化发现暨中国现代考古学诞生100周年之际
五大洲30个国家60位考古学家发来贺词

美国耶鲁大学文德安教授发来贺词

美国斯坦福大学刘莉教授发来贺词

美国加州大学洛杉矶分校罗泰教授发来贺词

美国辛辛那提大学弗农·斯卡伯勒教授发来贺词

美国北亚利桑那大学詹米·何塞·欧教授发来贺词

美国亚利桑那州立大学简·布柯斯特拉教授发来贺词

美国加州大学圣巴巴拉分校布莱恩·费根教授发来贺词

美国哈佛大学傅罗文教授发来祝贺视讯

美国哥伦比亚大学李峰教授发来祝贺视讯

美国新墨西哥大学帕特里夏·克朗教授发来祝贺视讯

美国伊利诺伊大学蒂莫西·普科塔特教授发来祝贺视讯

美国加州大学洛杉矶分校莫妮卡·史密斯教授发来祝贺视讯

美国北卡罗来纳大学大学阿金乌米·奥贡迪兰教授发来祝贺视讯

美国德克萨斯大学奥斯汀分校弗雷德·瓦尔德兹教授发来祝贺视讯

美国威斯康星大学麦迪逊分校乔纳森·马克·科诺耶教授发来祝贺视讯

英国剑桥大学阿比德米·巴巴洛拉教授发来贺词

英国剑桥大学科林·伦福儒教授发来贺词

英国牛津大学安可·海因教授发来祝贺视讯

英国牛津大学克里斯·高斯顿教授发来祝贺视讯

英国伦敦大学学院米拉娜·拉迪沃耶维奇教授发来祝贺视讯

德国考古研究所爱思特·万菲教授发来贺词

德国考古研究所安德烈亚斯·塞巴斯蒂安·沙赫纳教授发来贺词

德国基尔大学约翰内斯·穆勒教授发来祝贺视讯

德国柏林国立博物馆芭芭拉·海尔英教授发来祝贺视讯

德国考古研究院欧亚考古研究所所长斯文·汉森教授发来祝贺视讯

澳大利亚昆士兰大学伊恩·里利教授发来祝贺视讯

澳大利亚悉尼大学艾莉森·贝茨教授发来祝贺视讯

澳大利亚悉尼大学罗兰·弗莱彻教授发来祝贺视讯

墨西哥国立自治大学琳达·玛兹尼拉教授发来贺词

墨西哥国立自治大学安·赛弗斯教授发来祝贺视讯

墨西哥国家人类学与历史研究所妮莉·玛格丽特·罗伯斯·加西亚教授发来祝贺视讯

日本九州大学溝口孝司教授发来祝贺视讯

日本东北学院大学佐川正敏教授发来祝贺视讯

印度德干学院拉宾德拉·默罕迪教授发来贺词

印度国家考古局西马德里·奥塔教授发来祝贺视讯

阿根廷国立拉普拉塔大学伊丽娜·波德戈妮教授发来祝贺视讯

阿根廷中布宜诺斯艾利斯国立大学古斯塔沃·波利蒂斯教授发来祝贺视讯

希腊乔治·瓦沃拉纳基斯教授发来贺词

韩国岭南大学李清圭教授发来祝贺视讯

柬埔寨阿普萨拉国家局戴瑞斯教授发来贺词

南非开普敦大学沙德雷·奇瑞库教授发来贺词

越南社会科学院考古研究所阮麦香教授发来贺词

津巴布韦大津巴布韦大学木辛多教授发来祝贺视讯

新西兰奥塔哥大学查尔斯·海厄姆教授发来祝贺视讯

蒙古国科学院考古研究所图尔巴特·萨甘教授发来贺词

泰国艺术大学纳鲁弗尔·旺通查罗恩教授发来祝贺视讯

伊朗布阿里新浪大学雅古布·莫哈马迪法尔教授发来贺词

波兰波兹南大学阿卡迪亚斯·马西尼亚克教授发来祝贺视讯

土耳其伊斯坦布尔大学麦赫迈特·乌兹多安教授发来祝贺视讯

菲律宾国立大学阿尔芒·萨尔瓦多·米亚雷斯教授发来祝贺视讯

西班牙塞维利亚大学莱昂纳多·加西亚·圣胡安教授发来祝贺视讯

俄罗斯科学院西伯利亚分院雅罗斯拉夫·库兹明教授发来祝贺视讯

秘鲁特鲁希略国立大学费伦·阿·卡斯蒂略·卢汉教授发来祝贺视讯

坦桑尼亚斯特拉·马里斯·姆特瓦拉大学学院瓦伦斯·西拉约教授发来贺词
······
各美其美　美美与共
祝中国考古和世界考古越来越好

编后记

　　在国家文物局、中国社会科学院、河南省人民政府的支持与指导下，第三届中国考古学大会于2021年10月18～20日在河南省三门峡市顺利召开。本届大会由中国考古学会、中国社会科学院考古研究所、河南省文物局、三门峡市人民政府联合主办，河南省文物考古学会、河南省文物考古研究院、中共三门峡市委宣传部、三门峡市文化广电和旅游局承办，陕西省考古研究院、山西省考古研究院协办，大会主题为"建设中国特色、中国风格、中国气派的考古学"。本届大会恰逢仰韶文化发现100周年，同时也是中国现代考古学诞生100周年的重要节点，经中国考古学会与河南省文物局、三门峡市人民政府协商，决定以河南省三门峡市为中心开展中国考古百年系列纪念活动，并于2021年10月17日召开仰韶文化发现暨中国现代考古学诞生100周年纪念大会，与第三届中国考古学大会相衔接。

　　10月17日上午，习近平总书记向仰韶文化发现和中国现代考古学诞生100周年致贺信，令全国广大考古工作者备受鼓舞，第一时间掀起了学习贯彻习近平总书记贺信精神的热潮，由此开启了中国考古学第二个百年的新征程。本届大会的召开也受到国际学术界的高度关注，60位国际著名考古学家纷纷发来视频贺词，彰显了中国考古学正在加快步伐走向世界舞台中央，用中国声音讲述中华文明故事，并不断得到国外同行的认可。

　　本届大会以中国考古学会各专业委员会为单位，组织召开了23场分组研讨，比上一届大会召开时增加了7场，凸显了中国考古队伍不断壮大、考古研究领域不断拓宽的新动向。本届大会创新性地采用了线上线下相结合的办会方式，借由中国移动云视讯平台，在实现线上线下参会代表无障碍开展学术交流的同时，向全社会同步直播，促进了考古学最新成果的广泛传播。会议期间，在三门峡当地组织了22场公共考古讲座，并选取了其中几场进行央视频同步直播，让更多的社会公众特别是青少年认识到中华文明的源远流长和博大精深，了解到中华文明对人类文明做出的卓越贡献，领会到考古工作对于展示和构建中华民族历史、中华文明瑰宝的重要作用。总而言之，第三届中国考古学大会是一次高水准、国际化、开放式、大规模的学术盛会，有力地增强了中国考古学的综合学术研究水平，促进了中国考古成果的宣传和推广，提升了中国考古学的国际影响力和话语权。

　　为如实反映大会盛况，主办方决定编纂出版《第三届中国考古学大会（2021·三门峡）会志》，由三门峡市人民政府资助出版。中国社会科学院学部委员、历史学部主任、中国考古学会理事长王巍研究员，中国社会科学院学部委员、中国社会科学院考古研究所所长陈星灿研究员、中国社会科学院考古研究所党委书记张国春编审等均十分关注会志的编纂出版工作，并给予了大力支持。根据工作需要，成立了编纂工作组，由中国考古学会秘书长朱岩石研究员和河南省文物局党组书记、局长任伟同志任组长，中国社会科学院考古研究所科研处处长刘国祥研究员、三门峡市文化广电和旅游局局长毋慧芳同志、科学出版社文物考古分社社长孙莉编审任副组长，负责会志编纂出版组织、协调等工作，科学出版社文物考古分社雷英副编审负责具体编校工作。中国考古学会秘书处刘清尘、中国社会科学院考古研究所栗媛秋、张效儒、张今、韩化蕊、杨筱、宁点点、吴尘昊、韩慧玉等参与了资料收集、整理及编校工作，三门峡市文化广电和旅游局副局长赵旭阳同志带领王晨、刘洁两位同志积极协调补充大会相关资料，中国考古学会各专业委员会的同志积极提供分组研讨资料，多位主题演讲专家和公共考古讲座主讲人为会志赐稿。加拿大英属哥伦比亚大学荆志淳教授组织学生对国外专家致辞进行了翻译和整理，为会志的编辑出版付出了大量心血。在此一并致谢！

为做好会志的编纂工作，2022年10月23日，由中国考古学会秘书处、科学出版社文物考古分社、三门峡市文化广电和旅游局联合召开第一次会志编纂线上会议，讨论并确定会志编纂大纲；2023年5月30日，召开第二次编纂工作线上会议，确定了补充部分演讲文稿、图片资料等内容，明确了资料整理分工等事项；2023年8月4日，完成会志初稿，并于当天召开第三次编纂工作线上会议，提出修改和完善意见。2023年9月23日，组织召开第四次编纂工作线上会议，完成通稿工作。经报中国考古学会常务理事会、中国社会科学院考古研究所党委会审定后，按期付梓。

最后，感谢参加第三届中国考古学大会（2021·三门峡）的各位领导、学界同仁、新闻媒体的朋友们！感谢中国考古学会、中国社会科学院考古研究所、河南省文物局、河南省文物考古研究院、三门峡市人民政府领导对会志编纂出版工作的大力支持！感谢各专委会负责人、联络人及编纂工作组全体成员付出的辛劳！在时间紧、任务重的情况下，特别感谢中国科技出版传媒股份有限公司副总经理闫向东编审、文物考古分社社长孙莉编审、责任编辑雷英副编审为会志的顺利出版给予的大力支持和付出的辛勤劳动！

由于时间仓促，加之编者水平所限，本书难免有疏漏和不足之处，敬请大家批评指正。

编　者

2023年10月9日